さつま人国誌

戦国・近世編

3

はじめに――戦乱のなかの島津氏

南日本新聞に連載している「さつま人国誌」の戦国・近世編の第三巻をようやくお届けできることになった。

今回は、一言でいえば、戦乱のなかの島津氏をてんこ盛りにしている。島津氏の三州統一から九州制覇の戦い、そして豊臣政権との戦いから関ヶ原合戦という具合である。島津氏の長い歴史のなかで、もっとも人々が躍動し、活性化した時代である。それは反面、深刻な矛盾や危機に陥り、多くの犠牲や悲劇を伴った時代でもあった。

内容を章ごとに紹介してみよう。

第一章は「島津氏と戦国の争乱」と題して、主に日新斎・貴久親子が新たに本宗家を継いでから三州統一までを取り扱っている。近年、生誕五〇〇年を迎えた貴久の略伝や、島津氏の最大のライバルとなった大隅の肝付氏の盛衰にも触れてみた。

第二章は「島津氏、九州制覇へ挑む」である。三州統一から三国鼎立時代とも呼ばれるライバルの龍造寺氏や大友氏との戦いが中心である。とりわけ、豊後の大友宗麟との戦いは、大分県や福岡県、熊本県の取材の成果を活かしている。

第三章は「島津氏と豊臣政権」である。島津氏の九州制覇の野望を打ち砕いたのは豊臣秀吉である。秀吉は薩摩まで南下し、川内の泰平寺に陣を置いた。しかし、島津義弘・同歳久・新納忠元などのように秀吉に抗戦した人々も取り上げている。結局、島津氏は秀吉への降伏から豊臣大名になったものの、朝鮮出兵や梅北一揆の反乱などで疲弊し、窮地に陥っている。それに関する事件や人物を取り上げた。

第四章は「悲劇の武将　島津歳久と豊久」と題した。歳久は秀吉との確執から、なぜ自害へと追い込まれたのか。そして関ヶ原合戦での敗北後、「島津の退き口」の先手をつとめた豊久の最期の様子と、関ヶ原周辺に残る豊久伝説の成立過程にも触れている。

戦国ファンや島津ファンには文句なしに面白い題材を取り上げている。多くの読者に親しんでもらえたら、著者として望外の喜びである。

今回も南日本新聞開発センターの浜崎厚志氏には大変お世話になった。御礼申し上げます。

なお、参考文献の表記についてお断りしておきたい。本書では『鹿児島県史料』（鹿児島県刊行）の諸本、そして戦国期の島津氏の人名事典というべき『本藩人物誌』の記事が頻出する。そのため、注記が煩雑になるので、以下のように簡略化して表記したい。

○旧記雑録前編一〜二……『鹿児島県史料　旧記雑録前編』第一〜二巻　鹿児島県維新史料編さん所編　鹿児島県

○旧記雑録後編一〜六……『鹿児島県史料　旧記雑録後編』第一〜六巻　鹿児島県維新史料編さん所編　鹿児島県

○旧記雑録附録一〜二……『鹿児島県史料　旧記雑録附録』第一〜二巻　鹿児島県維新史料編さん所編　鹿児島県

○旧記雑録拾遺　諸氏系譜一〜三……『鹿児島県史料　旧記雑録拾遺　諸氏系譜』第一〜三巻　鹿児島県維新史料編さん所編　鹿児島県

○旧記雑録拾遺　家わけ一〜十……『鹿児島県史料　旧記雑録拾遺　家わけ』第一〜十巻　鹿児島県維新史料編さん所編　鹿児島県

○本藩人物誌　○○譜……鹿児島県史料集ⅩⅢ　鹿児島県史料刊行委員会編　鹿児島県立図書館

目次

第二章　島津氏、九州制覇へ挑む

第三章　島津氏と豊臣政権

第四章　悲劇の武将島津歳久と豊久

第一章　島津氏と戦国の争乱

藤原惺窩の来訪・上

――伊集院幸侃に渡明訴える

豊臣期から徳川初期の著名な朱子《しゅし》学者で、藤原惺窩《ふじわらせいか》（一五六一〜一六一九）がいる。藤原定家の系譜を引く公家の冷泉《れいぜい》家（下冷泉）の出身（冷泉為純の三男）である（＊1）。父為純が在京せず、播磨国三木郡河村の所領に在国していたので、惺窩もここで育ち、幼いころから仏門に入った。

父と兄が別所長治（三木城主）に攻められて戦死したのち、上京して京都五山のひとつ、相国寺《しょうこくじ》に入った。禅を学ぶかたわら、儒学に没頭し、京都で五山京学派の儒学者として頭角を現した。文禄二（一五九三）年十二月には江戸に赴き、当時、豊臣政権の重鎮だった徳川家康に帝王学の書「貞観政要《じょうがんせいよう》」を講義している（＊2）。

惺窩は、のち徳川幕府公認の朱子学者となった林羅山《らざん》はじめ、松永尺五《せきご》、石川丈山《じょうざん》など多くの門弟を育てたことから、近世日本朱子学の開祖とうたわれている。

この惺窩が薩摩や大隅を訪れ、二カ月ほど滞在していたことはあまり知られていない。彼の日記『南航日記残簡』から紹介してみたい（＊3）。

惺窩が幸侃と会見した浜之市港　＝霧島市浜之市

慶長元（一五九六）年六月二十八日、惺窩は京都を出立し、大坂から船に乗る。瀬戸内から日向灘を航行、七月十日に日向細島、十二日に大隅の内之浦に着いた。

内之浦では浦役人の竹下宗意（宗怡とも）や船頭弥二郎の父浄感に歓待された。十三日、浄感の嫡子が「勝酒」（焼酎）や異国の珍肴でもてなした。そのとき、惺窩は「ルスン瑠《る》璃《り》盞《さん》」を傾けたという。おそらくルソン（フィリピン）製のギヤマンのグラスだろう。また宗意も惺窩に「菓子、マクワ瓜、葡萄勝酒」を振る舞っている。「葡萄勝酒」はワインのことだろう。

宗意は惺窩に琉球の風土のことを詳しく語っている。そのため、惺窩は宗意が琉球にも住み、妻子がそこにいるのだろうと推測している。当時、内之浦の海商たちが琉球やルソンまで足を伸ばし、南蛮貿易に従事していたことをうかがわせる。

翌十四日、惺窩は彦右衛門なる人物（海商か）を呼び、「ルスン・琉球路程記録之冊」を一覧して、方向を失ったときは星を見て方位を確認することや天候について話を聞いている。さらに翌十五日、惺窩は彦右衛門が持参した、「蛮人」が記したという「世界図」を見ている。ルソンなので、スペイン人が描いたものだろうか。いずれにせよ、内之浦の海商が当時の世界地図をもっていたことは驚きである。

惺窩が琉球やルソンなどに関心を示すのには理由があった。じつは惺窩は中国大陸への渡海を企てていたのである。その目的は明国に渡って良師や典籍を求め、朱子学を極めようという純粋な学問的探究心ゆえだった。

惺窩は鹿児島を経由し、二十六日に鹿児島湾の最奥部にある浜之市《はまのいち》（現・霧島市浜之市）に着いた。ここは太守島津義久（当時、龍伯）の居館富隈《とみのくま》の外港である。

浜之市は交通の要所のためか、島津家の公館があった。惺窩はそこで筆頭老中である伊集院幸侃《こうかん》との対面を希望していた。翌二十七日、義久と幸侃が浜之市に来るというので、惺窩は待っていたが、来たのは義久だけで、幸侃は病気で来なかった。そのため、幸侃抜きでは申しわけないと思ったのか、惺窩は義久にも面会していない。

惺窩は義久よりも幸侃に会いたかった。だから、その足で幸侃の所領のある日向庄内（現・都城市）に向かった。三十日、ようやく幸侃との対面がかない、惺窩は衣装と伏見天皇の宸翰法帖《ほうじょう》（冊子に綴じたもの）を贈っている。

閏七月六日にも惺窩は浜之市の公館で幸侃に会った。そのときの様子を日記に「幸侃に逢う、予の心事を説く、侃（幸侃）領納《りょうのう》す」と書いている。幸侃は惺窩の明国への渡海申し入れを了承した。惺窩の願いは叶ったかにみえた。

＊1　近藤敏喬編『宮廷公家系図集覧』東京堂出版　一九九四年
＊2　太田青丘『藤原惺窩』新装版　吉川弘文館　一九八五年
＊3　藤原惺窩『南航日記残簡』日本教育思想体系9　日本図書センター　一九八九年

藤原惺窩の来訪・下

――明国渡航に失敗、鬼界島へ

儒学者の藤原惺窩《せいか》（一五六一～一六一九）は浜之市港（現・霧島市）で島津家の筆頭老中である伊集院幸侃《こうかん》と会見し、念願の明国渡航の許可を得た。慶長元（一五九六）年閏七月六日のことである（＊1）。

惺窩はなぜ幸侃を頼ったのか。ひとつ考えられるのは、上方で惺窩は幸侃とすでに知遇を得ていたのかもしれない。もうひとつ、内之浦で惺窩をもてなした海商の竹下宗意《そうい》（宗怡とも）が幸侃の家中に属していたことと関係しているかもしれない。宗意は幸侃の命で京都において具足・矢や小袖などの衣類を島津家のために調達している（＊2）。宗意はその縁から惺窩に幸侃を紹介したのかもしれない。

その後、惺窩は浜之市から鹿児島に移動する。慶長元（一五九六）年閏七月九日のことである。惺窩の「南航日記残簡」にはこの日、「地震」と書かれている。さらに十二日にも「大地震、夜亦震《また》」、十三日にも「大地震」とある（＊3）。立て続けに地震が起きていた。

じつは十三日の地震こそ、伏見城天守が倒壊するなど、畿内に甚大な被害をもたらした

惺窩が漂着した鬼界島（現・硫黄島）

有名な慶長の大地震だった。マグニチュード七・〇だったと推定されている。しかし、畿内から遠く離れた薩摩でも大地震になっていることから、西国一円が激震に見舞われたのではないだろうか。

惺窩が鹿児島から山川に着いたのは十五日。惺窩は太守義久の計らいか、その御座船に乗っている。さすがに立派だったらしく、「壮麗、新しくて大也」と書いている。

山川港は当時、島津氏の直轄港であり、琉球や南蛮（東南アジア）との交易を行い、明船や南蛮船も入港する国際港だった。惺窩の日記には当時の山川の様子も書かれている（＊4）。

「前山の山間《やまあい》に瀑川《ばくせん》あり、山下《さんか》に温泉あり、潮退けばすなわち沙中《さちゅう》湧き、沙土《さど》を掘り陥処《かんしょ》となして、これに浴す、晩小舟に乗り、これを遊ぶ」

藤原惺窩の墓　＝京都市上京区・相国寺塔頭林光院

　おそらく山川の湾口に流れこむ鳴川《なるかわ》の河口から滝のように川の水が落ちている光景ではないだろうか。そして興味深いのは、海岸の砂土を掘れば温泉が湧いてきて、人々が穴を掘って入浴するという風習が四〇〇年以上前からあったことである。砂むし温泉にかかわる記事としてはかなり古いものではないか。

　惺窩の日記は八月七日で途切れている。少なくとも山川に二十日余り滞在していた。渡航のころ合いを見計らっていたのだろう。日記の末尾には二〇首ほどの和歌と二首の漢詩の草稿が残っている。とくに漢詩は平家の全盛期、鬼界島に流された僧俊寛《しゅんかん》の悲嘆に思いを馳せたものである。

　惺窩は八月中に明国に向けて渡航したという。しかし、渡航は失敗に終わった。俊寛を詠んだ漢詩はのち「惺窩先生文集」巻三に収められ、「大明国ニ渡ラント欲シテ疾風ニ遭ヒ鬼界島ニ到ル」と題されていることから、惺窩の乗った船は台風と思われる嵐に遭って鬼界島に漂着してしまったのである。そして鬼界島で詠んだ和歌の季題から、惺窩は翌慶長二(一五九七)年夏ごろまで同島に滞在していたことがわかる(＊5)。

鬼界島は大隅諸島に属する硫黄島のことである。屋久島の北方に浮かび、山川港から約六〇キロ離れている。

惺窩の明国渡航は挫折に終わった。しかし、惺窩の学問に対する情熱はその後も決して衰えることはなかったのである。

＊1　藤原惺窩『南航日記残簡』日本教育思想体系9　日本図書センター　一九八九年
＊2　米澤英昭「一六世紀南九州の港津役人と島津氏」『宮崎県地域史研究』二三号　二〇〇九年
＊3　＊1に同じ
＊4　＊1に同じ
＊5　太田青丘『藤原惺窩』新装版　吉川弘文館　一九八五年

知られざる島津尚久

鹿籠・安住寺跡に墓か

先年（二〇一三年夏）、南薩方面を取材したとき、枕崎市の文化資料センター南溟館《なんめいかん》の末永俊英館長に貴重な史料や史跡の情報をいただいた。

そのなかで、いちばん興味深かったのが島津尚久《なおひさ》（一五三一～一五六二）のものと思われる墓が地元にあるという話だった。そして末永館長にその墓に案内していただき、実見することができた。

尚久は若くして亡くなったこともあり、あまり知られていない。相州家《そうしゅうけ》を島津本家にのし上げた日新斎忠良《じっしんさいただよし》（一四九二～一五六八年）の三男である。

かつて枕崎は鹿籠《かご》と呼ばれた。この地を領していたのが尚久だった。その墓は枕崎市桜山本町の集落（字上の小野西）の竹薮のなかにあった。この地にはかつて桜山安住寺という寺院があったという（＊1）。尚久の菩提寺だったという。

墓は四角い石柵に囲まれており、宝篋印塔《ほうきょういんとう》の形式ではないかと思われる。石質は黄色味を帯びた山川石だった。石柵を設けた墓は格式が高いので、尚久の可能性はあるだろう。

桜山安住寺跡の伝・尚久墓　＝枕崎市桜山

なお、この墓は地元では「図書墓《ずしょ》」と呼ばれているという。尚久の官途名は左兵衛尉《さひょうえのじょう》なので該当しないが、嫡男忠長《ただたけ》の官途名が図書頭《ずしょのかみ》なので、それと混同されていると思われる。

尚久の墓といえば、ふつう南さつま市加世田の竹田神社にあるものを指す。しかし、桜山安住寺跡の墓こそが本墓で、竹田神社の墓は分骨墓ではないかという説もある（＊2）。

では、どちらが本墓なのか。そもそもこの墓は尚久のものなのだろうか。墓石には戒名や俗名、没年その他の文字は刻まれていないから、これをにわかに尚久の墓だとは断定はできない。それでも、地元に残る伝承を無視してはならないと思う。

桜山安住寺の由緒などが判明すれば、尚久

竹田神社の尚久墓　＝南さつま市加世田

の墓かどうかの裏付けが得られるかもしれないと思い、調べてみたら、『三国名勝図会』の宮之城・陽廣山曇秀寺の項に次のような記事を見つけた（＊3）
「寺号の曇秀は尚久の法諡《ほうし》にちなむ。初め、尚久の子、図書頭忠長が私領の鹿籠の地に、瑞雲山安住寺を建立し、父尚久の位牌を安置した。天正六（一五七八）年、串良の地に封を移され、彼の地に安住寺を移した。同十六年、東郷に移封させられ、また安住寺を彼の地に移し、今の寺号にし、慶長五（一六〇〇）年、また当領（宮之城）に移封した。（中略）忠長の子、下野守久元の代、寛永六（一六二九）年にまた今の地に移したという」
　忠長の転封に伴い、鹿籠→串良→東郷→宮之城と安住寺が移転していることがわかる。

いずれにせよ、同寺は忠長ゆかりの寺なので、忠長かその縁者の墓である可能性は高い。

ところで、尚久はどのような人だったのだろうか。『本藩人物誌』によると、大太刀を振るい、弓矢の名手だったという。弘治元年（一五五五）の帖佐での戦いでは五尺余（一五〇センチ強）の大太刀で戦っている。弓矢についても、「尚久は大力にて殊に弓の達人にて猪完（猪のこと）などを一矢で射留め候由」という腕前だった（＊4）。

尚久は十一歳年上の兄忠将《ただまさ》と一緒に戦うことが多かったが、忠将が永禄四（一五六一）年、大隅廻城《めぐりじょう》の戦いで討死すると、その翌五年三月一日に尚久も相次いで死去している。享年三十二歳の若さだった。

＊1　相徳隆編『ふるさと加世田の史跡』　加世田市教育委員会　一九七九年
＊2　＊1に同じ
＊3　五代秀堯・橋口兼柄編『三国名勝図会』第二巻　青潮社　一九八二年
＊4　『本藩人物誌』巻之十 島津尚久譜

「武闘派」北郷氏の戦い・上

——豊臣秀吉に徹底抗戦

少し刺激的なタイトルにしたが、北郷《ほんごう》氏は島津一門のなかで、とくに武辺《ぶへん》を示してきた家柄である。

北郷氏は島津本宗家四代忠宗の六男資忠《すけただ》を家祖とする異姓分家である。南北朝時代から江戸時代まで一時期を除き、長く都城盆地を中心に勢力を張った。今回は十代時久（一雲《いちうん》入道）とその子忠虎や三久《みつひさ》の時代、豊臣秀吉との対決や関ヶ原合戦に絞って述べてみたい。

天正十五（一五八七）年四月、二十万という圧倒的な大軍で豊臣軍が北九州に上陸した。そのため、九州平定を目前にしていた島津軍はたちまち南に追いつめられていく。豊臣秀長軍の十万に包囲された日向高城《たかじょう》を救援するため、島津軍は決戦を挑んだ。決戦地となったのは同城南方の要所、根白坂《ねじろざか》だった。ここには豊臣方の宮部継潤《みやべけいじゅん》や黒田孝高《よしたか》らが中心となって堅固な陣城を築いていた。島津軍は島津忠隣《ただちか》（歳久の養嗣子《ようしし》）とともに、北郷勢が果敢に攻撃を加えた（＊1）。

「二重の塀を攻め破り、陣内に切って入り、北郷一雲（時久）の手の者共が長さ二、三十間（約三六～五四メートル）の塀を引き破って陣中に切って入り、三百人ばかりも打死《うちじに》した。しかし、それも意に介さず攻め入り、攻め入って戦ったので、（根白坂の）陣も危うく見えた」

北郷勢が猛攻した根白坂　＝宮崎県木城町

忠隣は奮戦空しく戦死するが、なお戦いつづける北郷勢がもう一息で敵陣を攻略できるというときに、秀長軍の援軍が到着し、数千挺の鉄砲で反撃されたため、退却のやむなきに至った。それでも、北郷勢の犠牲をいとわぬ猛攻ぶりがよくわかる。

根白坂での敗北をきっかけに、太守島津義久は秀吉への降伏を決意する。ところが、北郷父子は最後まで抗戦の意思を捨てなかった。都城に戻った父子は兵を集め、本城の都城のほか、安永、末吉、財部などの支城の守りを固めて秀吉のもとに出仕しなかったため、秀吉が「北郷が出頭しないなら征伐を加える」と激怒したという（＊2）。

また、一説によれば、関白秀吉が川内に達し、

北郷時久の墓　＝都城市・龍峯寺跡

今にも鹿児島に討ち入れようとしていたとき、島津家の軍議で諸将が太守義久に秀吉への出仕を勧めるなか、時久だけが「ぜひ我らの在所の庄内（都城）にお越しになり、一戦を遂げられてご開運されるように」と庄内への動座を勧めたという。北郷父子は義久をいただいて徹底抗戦する構えだったのである（＊3）。

別節で義弘と歳久の兄弟や新納忠元が秀吉に抗戦姿勢をつづけたことを紹介した（一四六頁、一五〇頁）。しかし、最後まで抗戦姿勢を貫いたのは北郷父子だった。父子がそこまで抗戦した真意は、守りを固めた支城に都城だけでなく、大隅国の末吉や財部《たからべ》があることでもわかるように、所領喪失への危機感があった。というのは、秀吉が大隅国を長宗我部《ちょうそかべ》元親《もとちか》に与えようとしていたからである（＊4）。

結局、北郷父子の徹底抗戦に根負けしたのは、兵糧不足のため長く南九州に駐留できない秀吉のほうだった。五月二十六日、秀吉が義弘に与えた朱印状のなかに「本郷（北郷）の儀、人質を出し候わば、大隅の本知《ほんち》、相違せざるよう申し付くべき事」という一節があった（＊5）。人質さえ出せば、大隅の本領はそのまま北郷氏に安堵するというのである。父子は大隅にある本領の安堵を確認してから秀吉に降伏した。

しかし、秀吉は北郷父子に煮え湯を飲まされたことを忘れていなかった。文禄四（一五九五）年の太閤検地が断行されたとき、秀吉は日向と大隅にまたがる北郷氏の所領六万九〇〇〇石を召し上げ、改めて薩摩国祁答院《けどういん》三万七〇〇〇石への所替えと減知を命じた（＊6）。所領を半分近くに減らされた北郷氏はその後、庄内への帰還を悲願とすることになる。

＊1　『旧記雑録後編二』二六八号「勝部兵右衛門聞書」
＊2　＊1三三五号
＊3　＊1四一三号「新納忠元勲功記」
＊4　＊1二九〇号　北郷時久宛て島津義久書状
＊5　『島津家文書之二』三七九号　東京帝国大学編・刊
＊6　＊1一六〇〇号

「武闘派」北郷氏の戦い・下

関ヶ原合戦に数百人従軍

庄内（現・都城市）の北郷氏は島津家中においても家格の高さと隠然たる勢力を誇っていたことはもっと知られてよいだろう。

たとえば、天正十三（一五八五）年十月、鹿児島で太守島津義久が主宰する評定が開かれた。一門、老中、御使役《おつかいやく》といった談合衆と呼ばれる面々が集まり、豊後侵攻と豊臣政権への対応を相談するのが目的だった。終わってのちの宴席での座次《ざなみ》（席順）は上座中央に太守義久、左の列に北郷《ほんごう》時久（一雲入道）、次いで島津家久、老中の町田久倍《ひさます》、同上井覚兼《うわいさとかね》という順番だった。つまり、時久は義久の末弟で日向守護代でもある家久より上位に位置していたのである（＊1）。

北郷氏は島津本宗家のなかでも、とくに義弘との交流が深かったと思われる。ひとつには、義弘の前妻（北郷忠孝の娘）が時久に再嫁したことも関係しているのではないか。そのせいか、関ヶ原合戦においても、中立を守る太守義久に従って家中の多くが模様見しているなかで、北郷氏だけが義弘に格別の支援を行っているのである。

都城島津家（旧北郷家）墓所　＝都城市・龍峯寺跡

関ヶ原合戦で島津勢はどれくらいの人数が従軍したかについては諸説あるが、これまで約一五〇〇人が通説だった。その内訳は概数として義弘勢約八〇〇人、島津豊久（日向佐土原城主）勢八五八人とされていた（＊2）。しかし、豊久勢の八〇〇余人は多すぎると感じていた。

義弘が西軍に味方することを決断した慶長五（一六〇〇）年七月中旬の時点で、「旗下《はたもと》士卒二百余人に過ぎず」と述べていた（＊3）。それが一カ月ほどたった八月二十日には「さつまの仕立てわずか千人の内」と述べ、一〇〇〇人近くに増加している（＊4）。これまでこの増加分を豊久率いる佐土原勢が加わったからだと解していた（＊5）。

しかし、必ずしもそうとはいいきれない。

豊久の軍勢はそれほど多くないように思われる。この増加分は北郷勢が上京してきたからではないだろうか。北郷家は前年から一門の北郷久永が七五人で伏見に詰めていたが、伏見城攻め（八月一日落城）ののち、同じく一門の北郷忠泰と同久永が「数百の兵を率いて上洛」したという記述がある（＊6）。

八月二十日の義弘書状の日付と北郷勢数百人の到着時期とは符合する。そうだとすれば、島津軍の全体に占める北郷勢の割合は四割から五割ほどあったのではないか。

北郷勢の活躍と苦戦の一端が残っている。戦後、無事帰国した忠泰は義弘から感状と刀一腰を拝領している。それには「関ヶ原の戦場で片時もそばを離れず、数カ国の難所を凌ぎ、国許《くにもと》まで供奉《ぐぶ》したのは神妙の至りで感じ入った」と書かれていた（＊7）。

忠泰とは対照的に、もう一人の大将久永は苦難を味わった。当年十六歳での従軍だったが、退き口の乱戦のとき、義弘とはぐれてしまった。しかも、馬を射られてしまい、裸足で敵中を往来すること三日。足が腫れて歩行が困難になったため、たった一人の従者四位《しい》主水《もんど》が久永を背負い、東軍の加藤嘉明の陣所に出向いて降伏した。久永は「すでに進退窮まったので、我が首を刎《は》ねてほしい」と懇願した。嘉明は久永が年少だったせいか、同情して保護した。久永は三年後に帰還を許されている（＊8）。

北郷氏の関ヶ原参戦はほとんど知られていないが、島津軍の半数近くを占めて奮戦した可能性があることはもっと知られてよい。

＊1　「北郷氏一流第二」『旧記雑録拾遺 諸氏系譜二』
＊2　参謀本部編『日本戦史 関原役』復刻版　村田書店
＊3　『旧記雑録後編三』一一四九号
＊4　＊3一一五九号
＊5　拙著『関ヶ原 島津退き口』学研M文庫　二〇一三年
＊6　＊1「北郷氏一流第二」
＊7　＊3一二〇八号
＊8　＊3一一七八号

北郷相久の憤死

――讒言で父時久と対立

前著（『さつま人国誌』戦国・近世編2）で、島津義弘の長女御屋地《おやじ》（一五五四～一六三六）の初婚の相手が北郷相久《ほんごうすけひさ》（一五五一～一五七九）であり、相久が父時久（一雲入道、一五三〇～一五九六）との対立の末に自害したことを紹介した。

相久は北郷家十代当主時久の嫡男で、常陸介《ひたちのすけ》と称した。島津本宗家の一員である義弘の長女を娶るという恵まれた境遇にあった。また御屋地の生母北郷氏は義弘と離別後、時久に再嫁している。北郷家の堂々たる跡取りであり、義弘との縁が深い相久がなぜ非業の死を遂げざるをえなかったのだろうか。

はじめに結論を述べると、この一件はタブー視されたのか、北郷家の史料も寡黙で真相は不明というしかない。しかし、相久は死の直前まで武将として活躍しているのはたしかで、死に追い込まれるとはとても思えないのである。

天正六（一五七八）年十一月、大友宗麟《そうりん》との日向高城《たかじょう》合戦で、相久は父時久、次弟忠虎（一五五六～一五九四）とともに出陣した。武辺の家を誇る北郷氏だけに、大友軍と正面から戦っ

北郷相久の墓　＝都城市都島公園（竜泉寺跡）

た。一門の北郷蔵人《くらんど》が戦死したが、相久は父や次弟とともに競い合うように戦った。相久の系譜には次のように書かれている（＊1）

「大友の兵競進《きょうしん》急なり、相久は島津右馬頭《うまのかみ》征久《ゆきひさ》と兵を励まし、横撃してこれを大破す、敵軍敗亡す」

　競い合うように押し出してくる大友軍に対して、相久が島津征久（以久とも）とともに横撃してこれを大破したので、大友軍は敗走したというのである。相久の奮戦ぶりが目立っている。

　しかし、高城合戦のとき、相久はすでに微妙な立場にあった。この合戦も父や次弟と陣立が同じではなく、島津征久と同陣しているようにも見える。

　相久はこの合戦に先立つ天正四（一五七六）

兼喜神社　＝都城市都島町

年以前に、すでに父時久と確執を抱えて不仲だったようである。次弟忠虎の系譜に「兄相久は父の意に違《たが》う、故《ゆえ》を以《もっ》て天正四年丙子《ひのえね》、忠虎家督たる也、時に二十一歳」とある（＊2）。相久が父の意向に従わないため、次弟忠虎が家督を継いだとある。

　長男が必ずしも家督を継ぐともかぎらない。長男でも生母が父の側室だったり、家柄が低かったばあい、二男以下が家督を継ぐことはありえる。しかし、相久と忠虎は生母が同じだから、そのケースにはあたらない。

　高城合戦の翌七年八月晦日《みそか》、相久は自刃を遂げた。「讒《ざん》により父の意に違え、安永金石城において自殺す」という（＊3）。このとき、相久の乳母乙守氏もその死を悲しみ、自分の乳房を切って棺に納め殉死したという壮絶な伝承も残る。

相久を陥れた讒言《ざんげん》とは何かまったくわからない。そのことと関連があるか不明だが、気になるのは、高城合戦の前後、太守島津義久が相久の次弟忠虎と二通の起請文を交わしていることである。そのうち、合戦直後の義久の起請文には「殊《こと》に雑説の刻みは、時日をめぐらさず、互いに申し披《ひら》くべし、并《ならび》にたとえ親類年来の好《よし》みたるといえども、逆党においてはご同懐《どうかい》あるべからず」云々とある（＊4）。

親類である両家が裏表なく友好を確認しているだけかもしれないが、相久の死の直前だけに「逆党」などの文言が意味深に受け取れないこともない。同時に、この起請文は太守義久が忠虎の家督継承を承認したことも意味しているだろう。

時久は相久を死に追い込んだことを後悔したのか、同九年、その霊を鎮魂するため若宮八幡（現・兼喜《けんき》神社）を創建している。

＊1　「北郷氏一流第二」『旧記雑録拾遺 諸氏系譜二』
＊2　＊1に同じ
＊3　＊1に同じ
＊4　『旧記雑録後編一』一〇三〇号

平佐領主　北郷三久
——名代として幼い甥を後見し、別家を立てる

二〇一三年初め、薩摩川内市にある平佐《ひらさ》北郷《ほんごう》家の墓所を訪れた。同家ご当主の北郷萌祥氏に案内していただいた。この地は同家の菩提寺だった梁月寺の跡で、薩摩川内市の指定文化財である。

歴代当主やその夫人、子女の墓が立ち並ぶ。その多くは家形の石屋に納められていた。そのなかで、人の背丈よりひときわ高く大きな石屋が同家初代の三久《みつひさ》（一五七三～一六二〇）のものだった。いかにも家祖にふさわしいと感じられた。

平佐北郷家の由緒をたどってみよう。北郷家は島津氏の異姓分家で、島津氏四代忠宗の六男資忠《すけただ》を家祖とする。資忠が十四世紀半ば、足利尊氏から日向国島津庄のうち北郷を与えられたことから、それを名字とした。戦国時代になると、北郷氏は島津氏の有力分家として、日向伊東氏や島津本家と対抗しながら存在感を示す。

三久の父北郷時久（一雲《いちうん》入道）の代になると、島津本家との関係が深くなった。時久の夫人（叔父忠孝の娘）は島津義弘の前夫人で、時久に再嫁している。豊臣政権との戦いとなっ

た天正十五（一五八七）年の日向高城《たかじょう》合戦では、北郷勢が戦意盛んで、豊臣秀長の陣城に果敢に突入、三百余人の戦死者を出すなど、島津本家のために働いている（＊1）。

時久の後継者は二男忠虎だったが、文禄三（一五九四）年十月、朝鮮半島の巨済島《コジェド》で病没した。享年三十九歳の若さだった。翌四年七月、島津義久、同義弘は時久と三男三久に対し、忠虎の遺児長千代丸（のち忠能）が幼少（当時六歳）なので、宗次郎こと三久（当時、二十三歳）に長千代丸が十七歳になるまで「名代」として諸役をつとめるよう命じた（＊2）。この命に従い、慶長二（一五九七）年、三久は長千代丸の代わりに北郷勢を率いて朝鮮に出陣する。

北郷家墓所　＝薩摩川内市平佐町

それと前後して、北郷家には大きな災難が降りかかってきた。文禄四年の太閤検地によって、庄内（都城）から薩摩国祁答院《けどういん》に所替《ところがえ》となった。知行高も表高六万八〇〇〇石から

北郷三久の墓　＝薩摩川内市・北郷家墓地

三万六五〇〇余石へと減知《げんち》されている（＊3）。これは北郷家が豊臣政権に対して反抗的だったため冷遇されたともいわれる。北郷家に代わって庄内を与えられたのは、豊臣政権と親密な筆頭老中の伊集院幸侃《こうかん》だった。これを機に北郷家は幸侃に反感を抱くようになる。

なお、この所替に伴い、三久も三俣（現・北諸県郡三股町一帯）から平佐、天辰、高江以下の知行（一万一五四〇余石）を与えられて所替となり、平佐を居城とした（＊4）。

朝鮮半島に渡海した慶長の役で三久率いる北郷勢は苦戦をつづけた。慶長三（一五九八）年十月、一〇万ともいう明・朝鮮の連合軍を相手にした泗川《サチョン》の戦いで、三久は明将と馬上で組み合い、両者の馬の間に落ちた。間一髪のところを島津忠恒（のち家久）が明将を討ったので、辛うじて命拾いしたという一幕もあった（＊5）。

三久は北郷家の軍事・外交面を主導し、名代といいながら実質的には当主に近かった。そのため か、『都城島津家系図』や『庄内地理志』などでは、三久を十二代当主に認定しているほどである。それは義弘前夫人が三久の生母だったことも一因だったのではないかといわれている（＊6）。

いずれにしろ、三久は独自の所領をもち、本家から独立した存在だった。伊集院家が庄内の乱により庄内を去ると、北郷家がふたたび復帰し、江戸時代初期には島津氏の称号を得て都城島津家となる。一方、三久の平佐北郷家はそのまま留まり、大身の一所持《いっしょもち》領主として幕末までつづくのである。

＊1　『旧記雑録後編二』二六八号「勝部兵右衛門聞書」
＊2　＊1一五五七号
＊3　＊1一四一六号「北郷公役参万六千五百廿七石」とある。
＊4　＊1一六一三号
＊5　『本藩人物誌』巻之三　北郷三久譜
＊6　『都城市史』通史編・中世近世編　都城市

島津貴久の生誕五〇〇年・上

——本宗家継ぎ、鹿児島入城

二〇一四年は戦国期の島津家当主島津貴久《たかひさ》（一五一四〜七一）の生誕からちょうど五百年にあたっていた。貴久は父の日新斎忠良《じっしんさいただよし》と息子の義久、義弘に挟まれて、あまり目立たない人である。しかし、貴久こそ現・島津本宗家の家祖であり、三州（薩摩・大隅・日向）統一の基礎を築いた。また、島津氏が戦国大名になったのも貴久の代だと評価されている。だから、もっと知られてよい人物である。

その事績を詳しく語るのは紙数の関係で難しいため、重要な事件やあまり知られていない事柄に絞って、二回に分けて紹介したい。

永正十一（一五一四）年五月五日、貴久は相州家の当主島津忠良（日新斎）の長男として生まれた。大永六（一五二六）年十一月、貴久が十三歳のとき、島津本宗家の当主勝久の養子となり、翌七年四月には家督を譲られた。

ところが、有力分家である薩州家の島津実久《さねひさ》（勝久夫人の弟）が貴久の家督相続に不満をもち、勝久に圧力をかけたので、同年五月、勝久は「御心替」して貴久の家督相続を取り消してしまう（＊1）。これが勝久の「悔返《くいがえし》」として有名である。悔返とは、一度譲渡した所領、財産、権利などを取り戻すことをいう。

その後、貴久と父日新斎は実久と戦い、加世田城や紫原《むらさきばる》の戦いで勝利を収めるとともに、勝久の出奔によって、天文十四（一五四五）年三月、ふたたび家督を取り戻した。ここに、新たな島津本宗家が創出されたのである。

貴久の家督相続をめぐっては、その名乗りも興味深い。幼名は虎寿丸、通称は又三郎（のち三郎左衛門尉）、官名は修理大夫（のち陸奥守）である。なお、虎寿丸は島津本宗家の当主や世子《せいし》の幼名だから、勝久の養子になってからの名乗りではないだろうか（それ以前は不明）。

父の日新斎は伊作家に生まれたが、父善久と祖父久逸《ひさとし》の相次ぐ死により、母新納氏（常磐）が相州家の島津運久《ゆきひさ》に再

島津貴久生誕地　＝南さつま市亀ケ城跡

貴久の足跡を残す大龍小学校（旧・大龍寺跡）＝鹿児島市

嫁した。

相州家は当時の本宗家にもっとも近い分家で、その家祖友久は本宗家九代忠国の長子ながら、母の身分が低かったために家督を継げなかったという。貴久は友久から四代目にあたり、ようやく悲願を達成したとする（＊2）。

貴久が相州家の系譜を意識しているせいか、その名乗りも友久の父忠国のそれに倣っているように思える。とくに忠国は最初の実名が貴久なのである。

さらにいえば、本宗家九代当主だった忠国（一四〇三～七〇）は永享四（一四三二）年と同六年の二次にわたり、伊東氏が支配する日向南部の山東《さんとう》地域への大規模の進攻を試みて失敗、家中の反対派から当主の座を引きずり下ろされて強制的に「隠居」させられた。忠国に代わって当主に擁立されたのは弟の持久《もちひさ》（用久とも、？〜一四五九）だった。その後、忠国は足利将軍家の支持を得て守護に復権している（＊3）。

この持久こそ、相州家のライバルだった薩州家の家祖である。貴久は忠国の名乗りを踏襲しただけでなく、浮沈の激しい生き方も似ている。貴久は一世紀前の忠国・持久の兄弟による対立抗争を意識し、みずからを忠国になぞらえ、薩州家への優越を主張する意図が込められていたのかもしれない。

天文十九（一五五〇）年十二月、貴久は伊集院一宇治《いちうじ》城から鹿児島（現在の上町《かんまち》地区）への入城を果たし、居館として内城《うちじろ》を造営する。内城跡は現在の鹿児島市立大龍小学校の地である。校名の大龍とは貴久の法名「大中良等庵主」、嫡男義久の出家名「龍伯」からそれぞれ一字をとったものである。

＊1　『樺山玄佐自記』鹿児島県史料集（35）　鹿児島県史料刊行会
＊2　『島津家正統系図』　尚古集成館編　島津家資料刊行会　一九八五年
＊3　新名一仁『日向国山東河南の攻防—室町時代の伊東氏と島津氏—』　鉱脈社　二〇一四年

島津貴久の生誕五〇〇年・下

ザビエルと会見、毒殺説も

島津貴久（一五一四～七一）は新たな本宗家の当主（守護）として、三州の平定に乗り出す。貴久の代から島津氏は戦国大名化したとされる。

その戦いの象徴としたかったのか、本宗家の家督を取り戻した天文十四（一五四五）年から、時雨《しぐれ》の軍旗を使用し始めたという（＊1）。

時雨軍旗は島津氏の始祖忠久の生誕伝説にちなむ。生母の丹後局が摂津の住吉社で雨中に忠久を産んだという故事があり、島津氏にとって雨は吉兆とされたことに基づく。

本宗家の家督を継いだといっても、貴久には多くの敵対勢力が立ちはだかっていた。蒲生、渋谷諸族、菱刈、肝付、伊地知、禰寝《ねじめ》などの国衆、そして日向の大名伊東氏である。それは大隅合戦と呼ばれる長い戦いだった。

初期の大隅合戦でのひとこまがイエズス会のフランシスコ・ザビエルとの会見である。天文十八（一五四九）年九月九日のことだった。貴久はザビエルにキリスト教の布教許可を与えた。会見場所は伊集院の一宇治《いちうじ》城だとされる。もっとも、国分清水《きよみず》城ではないかという異説もある（＊2）。

貴久はポルトガル船の寄港による南蛮貿易を期待したが、結局、会見は期待はずれに終わった。貴久はなお南蛮貿易をあきらめず、十二年後の永禄四（一五六一）年、同会の日本布教長トーレスを通じて、ポルトガル領インド総督や同会インド管区長にポルトガル船の来航を求める書簡を送っている（＊3）。貴久の南蛮貿易への熱意が感じられる。

島津貴久が荼毘に付された地に再興された灰塚
＝南さつま市加世田

貴久は和歌、連歌への造詣も深かった。上方の文化人、とくに近衛家との交流により古今伝授を受けている形跡がある。永禄六、七年ころ、近衛家ゆかりの不断光院《ふだんこういん》・清誉上人から「古今集」の切紙七通を受け、「多年の本望が成就して喜ばしい」と返信しているからである（＊4）。

永禄七（一五六四）年三月、貴久は官名を修理大夫《しゅりのだいぶ》から陸奥守に変え、代わりに嫡男義久が修理大夫に任官した。これを機に、貴久は義久に家督を譲って隠居したと思われる。家督を継いでから二十年後のことだった。

貴久の逸話を紹介しよう。貴久は椿の木を愛好していたという。あるとき、供廻の者ばかりと椿の接ぎ木をしていたところに、肝付勢が攻めてきて、屈強の家来たちが貴久を守ろうとして討死してしまった。それ以来、貴久は椿を遠ざけた。菩提寺の南林寺（現・松原神社）では貴久の仏前に椿の花を供えるのは禁止されたという（＊5）。

貴久は元亀二（一五七一）年六月二十三日、加世田城で他界した。享年五十八。最期のさまは信心深かった貴久らしいものだった。屋形二階の持仏堂《じぶつどう》で仏前に座して法華経《ほけきょう》を読経していた。第一巻を終え、第二巻をもって焼香したが、香の煙がまだ尽きないうちに壇上で忽然と息を引き取ったという（＊6）。

なお、貴久の死については異説がある。ひとつはキノコによる食あたり説（＊7）。これは信ずるに足りない。次に毒殺説もある。戦国島津氏の一級史料として知られる『上井《うわい》覚兼日記《かっけんにっき》』に貴久の死から三年後、父日新斎の家老だった平田安房介《あわのすけ》宗茂が貴久に毒を盛ったらしいが、覚兼は真偽のほどは知らないと述べている（＊8）。宗茂は貴久他界の年、川辺から加世田の地頭に所替えになっており、貴久のそば近くにいた可能性はある。とはいえ、さすがに覚兼の毒殺説も噂にすぎないのではないだろうか。宗茂はその後、何の罰も受けず健在である（＊9）。

＊1　『忠義公史料二』三一〇号
＊2　芳即正「フランシスコ・ザビエルと島津貴久会見の場所」『鹿児島純心女子短期大学研究紀要』第一四号　一九八四年
＊3　『イエズス会日本通信』上　三三号「一五六一年十一月五日［永禄四年九月二十八日］付、鹿児島の領主［島津貴久］より耶蘇会のインド管区長に贈りし書簡」村上直次郎訳　雄松堂書店
＊4　「島津侯爵家文書」一『大日本史料』第十編之六　島津貴久卒伝　東京大学出版会
＊5　「薩州旧伝記」地『大日本史料』第十編之六　島津貴久卒伝　東京大学出版会
＊6　『旧記雑録後編一』五八七号「貴久公御譜中」
＊7　＊5に同じ
＊8　『上井覚兼日記』上　天正二（一五七四）年八月十四日条　岩波書店
＊9　『本藩人物誌』巻之十二平田宗茂譜

島津貴久、危機一髪

――園田清左衛門の機転

二〇一四年は島津貴久（一五一四～七一）の生誕五〇〇年にあたっていたので、前節で貴久の記事を二本書いた。しかし、紙数の関係もあり、まだ少年だった貴久が島津本宗家の家督を一度は奪われ、生命の危機に陥ったいきさつについて詳しく書けなかった。

書けなかったというのも、ライバルである薩州家島津実久《さねひさ》方の軍勢に追われた貴久を近臣の園田清左衛門実明が匿ったという屋敷の場所が不勉強のため、よくわからなかったからである。

幸いにも、この一件を調査、研究している藤崎剛氏（鹿児島県会議員）に、貴久主従が潜んだとされる小野村（現・鹿児島市小野四丁目）を案内していただき、見学することができた。

戦国期、島津本宗家は勢力が衰え、大永六（一五二六）年十一月、当主島津忠兼《ただかね》（のち勝久）は相州家《そうしゅうけ》の島津忠良（のち日新斎）の嫡男虎寿丸を養子とした。虎寿丸は鹿児島の清水城に入り、元服して又三郎貴久と名乗り、家督を譲られた（＊1）。

翌七年六月、加治木地頭の伊地知重貞と帖佐地頭の島津昌久が反乱を起こした。守護貴

園田清左衛門屋敷跡に建つ聖宮　＝鹿児島市小野

久の後見人である父忠良が出陣し、二人を討ち取った。これがじつは薩州家の島津実久の策略だった。重貞と昌久は実久に味方して挙兵したのである。

実久は北薩出水を居城とし、南薩にも勢力をもち、島津家の一門分家中、最大の実力者だった。加えて忠兼夫人の弟だった関係から、本宗家の家督相続を望んでいた。そのため、貴久が家督相続したことを憎み、奪権の機をうかがっていたのである。

実久は忠良が出陣して鹿児島を離れた好機を見逃さなかった。ただちに老中の川上忠克を伊作に送り、隠居の忠兼に守護に返り咲くよう勧めるとともに、みずから兵を動かし、相州家方の伊集院、日置の両城を落とし、鹿児島に迫った。

聖宮扁額

実久の挙兵に合わせて、鹿児島の清水城中でも実久に呼応する動きがあり、その数三百人に上った（＊2）。貴久は父忠良との連絡も絶たれて孤立した。近臣たちは避難を勧めた。貴久は「自分はすでに守護職であり、ただ一死をもって城を守らんのみ」と気丈に述べたという（＊3）。

そのとき、近臣の園田清左衛門が城中で貴久の襲撃計画があることを告げたので、城を脱出して避難することに決した。貴久に付き従う者は清左衛門のほか、山田伊予守、木脇大炊助《おおいのすけ》、真玉民部左衛門尉、長井善左衛門尉、鎌田筑前守、井尻九郎次郎の七人と井尻の母宇多氏だけだった（＊4）。

清左衛門尉の勧めにより、貴久主従は小野村にあるその実家まで逃れ、裏手にある小社の聖宮《ひじりのみや》に潜んだ。すると、実久方の兵五十騎ほどがあとを追ってやってきて、「貴久がこの家に入るのを見た者がいる。速やかに差し出せ。さもなければ家捜《やさが》しするぞ」と詰問した。清左衛門は「家捜ししても見つからなければ、家来たちがここを囲み、屈辱を晴らすつもりだ。それでもよいか」と反論すると、兵たちは気おくれしたのか、「貴久はここには来ていないようだ」と述べて去っていった（＊5）。

清左衛門の機転で、貴久は辛うじて窮地を脱し、相州家の本拠である南薩田布施まで落ち延びることができた。

余談ながら、清左衛門の一女がのちに島津義弘の後妻（実窓夫人《じっそう》）になっている。

＊1　『旧記雑録前編二』二〇九一号「貴久記」
＊2　＊1二一〇二号「貴久公御譜中」
＊3　伊地知茂七『島津貴久公』松原神社三百五十年祭典事務所　一九二〇年
＊4　＊2に同じ
＊5　＊2に同じ

肝付兼続の躍進と没落・上

――接待の口論から島津氏と対決へ

大隅半島に勢力を築いた肝付《きもつき》氏という雄族がいた。同氏は戦国時代に島津本宗家と仇敵の間柄になり、敗北して衰退したため、あまり知られていない。今回は島津氏と永年にわたり抗争した肝付兼続《かねつぐ》（一五一一～一五六六）の足跡を中心に紹介したい。

肝付氏は島津氏よりも由緒が古いとされる名族である。兼続はその十六代当主だった。鎌倉以来、肝付氏は島津氏と対立抗争を続けてきた。兼続もその例外ではなかったが、若いころはむしろ良好な関係にあった。

大永六、七（一五二六、二七）年ころ、兼続は相州家《そうしゅうけ》の島津日新斎《じっしんさい》の長女御南《おみなみ》と縁組した。二人は同い年で似合いの夫婦だった（＊1）。なお、御南は日新斎の嫡男貴久の三歳年上の姉にあたる。一方、兼続の妹は貴久に嫁いでいる。二十歳で早世したものの、両家が二重の姻戚関係で結ばれていたことは注目される（＊2）。

享禄二（一五二九）年六月、薩州家の島津実久は姉聟にあたる本宗家の忠兼（のち勝久）を取り込み、相州家の日新斎＝貴久父子と激しく抗争していた。日向飫肥《おび》の豊州家《ほうしゅうけ》の忠朝が

「三ヶ国和平」と称して和解の周旋を行ったので、有力な一門衆や内衆、国衆がそれに応じて鹿児島に集った。

肝付氏の居城・高山城遠景（背後の山）　＝肝付町高山

薩州、相州両家からは家人が出仕したほか、新納忠勝（志布志）、佐多忠成（知覧）、喜入忠誉（給黎《きいれ》）、樺山善久（生別府《おいのびゅう》）、禰寝清年（禰寝《ねじめ》）、本田薫親《ただちか》（国分清水）。そして兼続（肝付高山）も弱冠十九歳ながら加わっていた（＊3）。

この会合は日ごろ互いに反目している割には和気あいあいで進んだが、肝心の勝久が消極的で対面を拒否したため、参加した面々は一人、二人と在所に帰ってしまい、ついに「三ヶ国和平」は空中分解してしまった。

その後、日新斎＝貴久父子が薩州家の実久を圧倒、鹿児島に入城して、貴久がふたたび本宗家の守護職に就く。それから島津氏にとっては長い大隅合戦が始まることになる。その最大好敵手が兼

高山城本丸跡

続になったのである。

　両者決裂のきっかけとなったのが永禄四（一五六一）年の鹿児島での会談破裂である。そのころ、兼続は伊東氏と結んで、日向飫肥の豊州家を南北から圧迫していた。

　一方、守護貴久は二男忠平（のち義弘）を豊州家の島津忠親の養子にしていた関係から、豊州家を支援していた。貴久は姻戚の縁から姉聟の兼続を鹿児島に招いた。兼続を懐柔して、豊州家の危機を救おうとしたのだと思われる。

　事件が起きたのは貴久の接待のあと、兼続が返礼の接待をしたときである。そのとき、肝付名物の白魚（俗名ノボイゴ）の吸物を出したところ、それが非常にまずかったらしい（＊4）。そのため、貴久の筆頭老中伊集院忠朗《ただあき》が兼続の家老薬丸兼将《やくまるかねまさ》に「珍物をそろえていただいたが、どうして鶴の羹《あつもの》（熱い吸物）はないのだろうか」と戯れを言った。鶴紋は肝付氏の家紋だった。

ムッとした兼将が「貴殿がふたたび来られたら、狐一匹を差し上げましょう」と答えた。狐は稲荷大明神の使いで、島津家の守り神だったから、今度は忠朗が怒って刀を抜き、宴会場の幔幕に描かれていた鶴紋を首のあたりで斬ってしまった。

それを見た兼続は「鶴はわが家累代の家紋。しかるに、その首を斬るとは凶兆で許しがたい。何の面目があって太守に拝謁できようか」と吐き捨てると、憤然と船に乗って帰ってしまったのである（＊5）。

ほんの些細な諍いから、肝付と島津の雌雄を決する本格的な対決が始まることになったのである。

＊1 『旧記雑録拾遺　家わけ二』「新編伴姓肝属氏系譜」十五
＊2 ＊1「新編伴姓肝属氏系譜」十四
＊3 『樺山玄佐自記』鹿児島県史料集（35）鹿児島県史料刊行会
＊4 『高山郷土誌』高山郷土誌編纂委員会編　高山町
＊5 『島津世禄記』巻之十八　鹿児島県史料集（37）鹿児島県史料刊行会

肝付兼続の躍進と没落・中

廻城の攻防、島津方を破る

永禄四（一五六一）年、肝付兼続《かねつぐ》は島津日新斎《じっしんさい》・貴久父子と決裂した。

両家ははじめ、兼続の夫人が日新斎の長女御南《おみなみ》、また貴久の先妻が兼続の姉妹（早世）でもあり、一時は二重の婚姻関係で結ばれていた。また貴久の出征に兼続が協力して出陣するなど友好関係にあった。

兼続はけじめをつけるためか、夫人の御南に離縁を迫ったが、彼女はきかず、姶羅《あいら》郡（現・鹿屋市）の含粒寺にこもったという。ことの重大さを察した日新斎はみずから高山《こうやま》に足を運び、じつに八十余日かけて説得にあたったが、ついに兼続は聞き入れることはなかったという（＊1）。

兼続が舅《しゅうと》にあたる日新斎じきじきの説得を拒絶したのはなぜか。前回紹介した宴会の席での口論で受けた恥辱に発する遺恨だけが理由ではないだろう。やはり、豊州家との関係で抗争を継続するか和平するかで、お互い妥協点が見いだせなかったからだと思う。

豊州家（当主は島津忠親）は当時、日向の志布志、櫛間《くしま》、飫肥《おび》一帯に勢力を張っていた島津氏の有力一門衆であり、守護貴久の二男忠平（のち義弘）を養子に迎えていた。日新斎は豊州家を守るために兼続に和平を勧めたが、兼続は日向の大名伊東義祐と同盟して、南北から豊州家領を攻め取ろうとしていたから、利害が対立した両者は物別れするしかなかったのだろう。

廻城本丸跡　＝霧島市福山町

島津方との決裂が決定的になると、兼続は同年五月、福山の廻城《めぐりじょう》に攻め寄せた。総勢六千という（＊2）。廻城は島津方に帰順した廻久元が城主だったが、目が不自由で一子宮房丸も幼少だったために家中が混乱し、弱体化していた（＊3）。兼続はその間隙を突いて、一挙に同城奪取を図ったのである。

同じ大隅国に属しているとはいえ、肝属郡の高山と桑原郡の福山はかなり離れている。兼続はなぜ遠征が可能だったのか。

兼続の代で、肝付氏は領国をかなり拡大し

島津忠将供養墓　＝霧島市福山

ていた。本領の肝属郡のほか、天文八（一五三九）年の肝属郡平房を皮切りに、日向諸県郡《もろかたぐん》の安楽、大崎、蓬原、曽於郡の市成、恒吉、姶羅郡大姶良、大隅郡の牛根などを占領、支配するようになっていた（＊4）。これらは大隅半島の北部、中部一帯である。だから、廻城への遠征も可能だった。しかも、兼続は大隅半島の国衆である伊地知重興《しげおき》（垂水城主）、禰寝《ねじめ》重長（根占城主）と語らって出陣していた。肝付・伊地知・禰寝の三氏の同盟は、島津氏にとって容易ならざる一大勢力だったのである。

　五月十四日、兼続らは廻城を攻略する。島津方も日新斎・貴久・義久の三代と忠将《ただまさ》（貴久次弟）など一族総出で出陣した。六月二十三日に着陣、総陣《そうじん》、馬立《うまだて》、竹原山《かばらやま》の三か所に陣を構えた（＊5）。

　両軍はにらみ合っていたが、兼続が動いた。七月十二日、肝付勢が竹原山を攻め立てた。

これを見た忠将が家来が引き留めるのを振り切って馬立から救援に向かった。しかし、途中で肝付勢の待ち伏せに遭い、奮戦したものの、家来七十余人とともに討死を遂げた（＊6）。

だが、兼続は優勢なのに、それ以上島津方を攻めようとはしなかった。忠将を討ち取ったという知らせを聞いて驚き、涙さえ流したという。弓矢の習いとはいえ、忠将は義弟でもあった。兼続は守護の舎弟《しゃてい》を討ったことが「永き遺恨の種子となるべし」と述べたという（＊7）。

ほどなく兼続は貴久と和睦を結び、廻城を明け渡して撤退した。兼続は忠将の戦死に同情して、攻勢に出る好機を逸したといえるかもしれない。

＊1　『高山郷土誌』　高山郷土誌編纂委員会編　高山町
＊2　『樺山玄佐自記』　鹿児島県史料集（35）　鹿児島県史料刊行会
＊3　『本藩人物誌』　巻之九　廻久元譜
＊4　『本藩人物誌』　巻之九　肝付兼続譜
＊5　『旧記雑録後編一』　一六五号「義弘公御譜中」
＊6　＊5一七八号「日向記」
＊7　＊5一八一号「箕輪自記」

肝付兼続の躍進と没落・下
――志布志を得るも、孤立化

肝付兼続《かねつぐ》（一五一一〜六六）は福山の廻城《めぐりじょう》から撤退したものの、なお島津方に対して攻勢を維持していた。廻城の戦いの翌年、永禄五（一五六二）年二月、兼続は姻戚である日向の大名伊東義祐と示し合わせ、南北から豊州家の島津忠親を攻めた。

忠親は守護貴久の二男忠平（のち義弘）を養子にしていたが、前年に実家に送り返していた。苦境を自覚してのことである。南北から挟み撃ちにされた忠親は防ぐ術がなく和睦となった。五月、忠親は代償として伊東方に飫肥《おび》を、肝付方に志布志を割譲し、みずからは福島院（現・宮崎県串間市）のみを保持することになった。

その後、兼続は新たに得た志布志を隠居所に定める。兼続が嫡男良兼《よしかね》に家督を譲ったのはいつなのか不明である。なお、天文年間（一五三二〜五五）の後半、まだ四十歳前後にもかかわらず、河内入道とか省釣《しょうちょう》入道と出家名を名乗り、権大僧都《ごんのだいそうず》という高位の僧官に補任《ぶにん》されている。それに伴ってか、弘治三（一五五七）年八月、兼続は後奈良天皇からの官位文書（口宣案《くぜんあん》）により、さらに法印という最上級の僧位に叙《じょ》せられていることがわかる（＊1）。

肝付兼続の墓　＝志布志市・大慈寺前

兼続は摂関家の近衛稙家と交流があり、和歌などの指南も受けている（＊2）。上位の僧官、僧位を得たのには稙家の仲介があったのではないだろうか。

それからほどない永禄九（一五六六）年十一月十五日、島津氏との対決の半ばで兼続は志布志で病死した。享年五十六歳。

一説によれば、兼続自刃説がある。嫡男良兼が居城の高山城を島津方に急襲されて妻子とともに非業の死を遂げたという。廻城でそれを知った兼続は志布志まで何とか帰還し、大慈寺《だいじじ》下の浜浦で自刃したという（＊3）。しかし、これは信ずるに足りない俗説だろう。

兼続自身は肝付氏の没落をその目で見なかったが、子の良兼（一五三五～一五七二）、兼亮《かねすけ》（一五五八～一六〇〇？）は肝付氏代々の本

肝付氏菩提寺盛光寺墓地跡　＝肝付町前田

貫の地である肝属郡を喪失してしまう憂き目に遭う。良兼や兼亮は父兼続の遺業を継ぎ、盟友の伊地知《いじち》重興《しげおき》や禰寝《ねじめ》重長《しげなが》とともに島津方との戦いを継続した。

元亀三（一五七二）年九月、肝付氏は下大隅郡の早崎、古浜などで島津歳久率いる島津方と激戦を展開したものの、敗北し、さらに翌四年一月、北郷一雲と末吉の住吉原で合戦したが、一門や老臣など四百三十余人が戦死する大敗を喫した（＊4）。

これを機に攻守所を変えた。盟友だったはずの禰寝重長が同年二月、島津義久に降った（＊5）。さらに翌天正二（一五七四）年二月には伊地知重興も義久に降ってしまった（＊6）。こうして肝付氏は両翼をもがれ、孤立化してしまう。

お家存亡の危機に動いたのは兼続夫人の御南だった。老臣の薬丸孤雲と図って、当主兼亮を追放し、島津義久に降伏する挙に出たのである。御南は日新斎忠良の長女で、義久の伯母にあたる。その縁を活かして、肝付氏のお家安泰を図ったのである。

かくして、肝付氏は存続を許されたものの、義久に所替えを命じられて肝属郡を離れ、薩摩の阿多にわずかな領地を得てかろうじて生きながらえることになった。

＊1 『旧記雑録拾遺 家わけ二』「肝属氏系図文書写」一二六号
＊2 ＊1一四一号
＊3 『高山郷土誌』 高山郷土誌編纂委員会編 高山町
＊4 『旧記雑録拾遺 家わけ二』「新編伴姓肝属氏系譜十六」三六六号
＊5 『旧記雑録後編一』六六一号
＊6 ＊5七三二号

加治木肝付氏と加治木城
――島津氏との抗争と帰順

幕末薩摩藩の家老小松帯刀のルーツが加治木にあるといえば、意外に思われるのではないだろうか。

帯刀は小松家（旧姓禰寝《ねじめ》家）に養子に入っている。実家は喜入《きいれ》領主の肝付家であることは知られているだろう。この肝付家は前節まで三回にわたって紹介した肝属《きもつき》郡高山を本拠とする肝付本家ではなく、その分家にあたる。室町時代中期、肝付氏十二代兼忠の三男兼光（?～一四八三）から始まる。のちの加治木肝付氏である。兼光は曽於郡大崎を領していたが、その子兼固が桑原郡溝辺（現・霧島市溝辺）に移った（＊1）。

戦国時代の大永年間（一五二一～二八）年、加治木肝付氏の当主は兼演《かねのぶ》（一四九八～一五五二）である。兼演の代に溝辺から加治木に移ることになる。兼演は島津本宗家に密着し、ときの守護・島津忠兼（のち勝久）の老中となっていた。

忠兼は大永六（一五二六）年、家督を相州家の島津忠良（のち日新斎《じっしんさい》）の嫡男貴久に譲った。それに伴い、忠良を相模守、樺山信久を美濃守、兼演を越前守に任じている（＊2）。この三人が島津本宗家を支える一門・譜代衆だった。島津家中での兼演の地位の高さがうかがわれる。

忠良は貴久が守護になると、その後見人として振る舞う。そして、翌七年四月には兼演に帖佐のうちの辺川《へがわ》、加治木のうちの中之眇《なかのびょう》を与えている。

同年六月、加治木地頭の伊地知重貞と帖佐地頭の島津昌久が島津本宗家に背いた。忠良が出陣し、重貞と昌久を滅ぼした。この時点で加治木は忠良の支配するところとなった。

加治木城跡　＝姶良市加治木町（撮影・山口純一郎氏）

ところが、翌七月、薩州家の島津実久が忠良の留守を突いて鹿児島に入り、忠兼に貴久から守護職を取り戻すように迫った。そして、忠良・貴久父子の追い落としに出たのである。窮地の貴久は清水城から辛うじて相州家の本拠である田布施に避難した。

この忠良・貴久父子の苦難のときも、兼演は樺山信久とともに「別して相州御味方」とされるほど、相州家に忠節を尽くしていた（＊3）。

享禄二（一五二九）年一月、相州家に敵対する祁答院重武が加治木を奪うと、兼演はこれを取り返した。これを機に兼演は加治木に本拠を移す。それからほどなく、兼演は実久方に与《くみ》して、忠良・貴久に敵対するようになる。

天文十八（一五四九）年四月、忠良率いる島津勢が本格的に大隅国に進出し、本田薫親《ただちか》の国分清水城を奪うと、周辺の国衆が帰順した。兼演は従わず、蒲生、渋谷の諸氏と結んで抗戦した。貴久が守護職に就いたことを快く思っていなかったのだろうか。五月、島津勢は加治木城を攻め、兼演らは黒川崎の戦いで敗北を喫した（＊4）。すると、兼演は一転して島津氏への帰順を誓う。この変わり身の早さが加治木肝付氏の勢力を維持させた。翌十九年四月、守護の貴久はあらためて兼演に加治木を与えている（＊5）。

これを機に、加治木肝付氏はふたたび島津本宗家の老中としての地位を確立する。兼演の嫡男兼盛は貴久、義久二代の老中となり、その子兼寛は忠良の娘と縁組し、本宗家との関係は盤石になった。

文禄四（一五九五）年、豊臣秀吉の九州仕置により、加治木の地は秀吉の蔵入地になったため、加治木肝付氏は喜入に移封となる。同氏が加治木を本拠としたのは七十年近い期間だった。以後、江戸時代は大身の一所持《いっしょもち》（知行高五五〇〇石余）となり、「加治木」が取れて、ただの肝付氏と呼ばれる（＊6）。幕末期の当主兼善の三男に尚五郎が誕生し、小松帯刀となるのである。

＊1　『本藩人物誌』巻之九　肝付兼演譜
＊2　『樺山玄佐自記』　鹿児島県史料集（35）　鹿児島県史料刊行会
＊3　＊2と同じ
＊4　『旧記雑録前編二』　二六一〇号
＊5　＊4二六四五号
＊6　『薩陽武鑑』　尚古集成館

黒川崎の合戦と鉄炮

――島津方に種子島勢が加勢

天文十二（一五四三）年、鉄炮が種子島に伝来してから、またたく間に全国に波及したことはよく知られている。

南浦文之《なんぽぶんし》の『鉄炮記』によれば、このとき、種子島の領主種子島時堯《たねがしまときたか》はポルトガル人から二挺の鉄炮を買い取ると、わずか一年有余で数十挺の鉄炮を製作するまでになったという（＊1）。

弓矢よりも強力な飛び道具だけに、鉄炮が実戦で使用されるのにそれほど時間がかからなかった。文献上、合戦における鉄炮使用の初見は伝来から七年後の天文十八（一五四九）年、黒川崎《くろかわさき》合戦だという（＊2）。

黒川崎合戦は、前節で紹介した加治木の肝付兼演《きもつきかねのぶ》が島津貴久や伊集院忠朗《いじゅういんただあき》と長期対陣した戦いである。現在、姶良市加治木町の東南部に黒川という地名があり、近くを日木山川《ひきやま》が流れ、対岸に黒川山（標高一七二・九メートル）がある。黒川山の突端が現在、黒川岬と呼ばれているが、その周辺が黒川崎と呼ばれていたのではないかと思われる。おそらく両軍は

黒川崎合戦古戦場付近　中央が日木山川、左が黒川山
＝姶良市加治木町

日木山川を挟んで対陣したものか。

国分清水城にあった貴久が兼演に帰順を要求したが、兼演がこれを拒絶したので、同年五月十九日、島津勢は黒川崎に陣を構えた。対する肝付方は六月一日、加治木城を出て対陣した。兼演には蒲生《かもう》範清《のりきよ》、入来《いりき》院《いん》重朝《しげとも》、祁答院《けどういん》良重《よししげ》、東郷重尚らが助勢した（＊3）。

貴久の家譜には、両軍の対陣の様子が次のように書かれている（＊4）。

「同六月朔日、越前守（兼演）対陣を築く。両陣相去ること一町に過ぎず。渋谷氏・蒲生氏また増勢して来る。而《しこう》して、日日羽箭《うせん》を飛ばし、鉄炮を発す。数月を経て人の耳目を驚かす」

両陣の距離はわずか一町（約一〇九メート

ル）ほどしかなく、両軍の間では毎日のように弓矢を飛ばし、鉄炮を発したという。この一節こそ、黒川崎合戦における唯一の鉄炮使用の史料である。

同譜は編纂史料だが、貴久の旧い家譜「大中公旧譜」であり、その死没前後に書かれたと思われ、この鉄炮の記事は信用できると、三木靖氏は指摘している。そして、鉄炮を使用したのは肝付方であるとしか読めないとする（＊5）。

右史料をそのように読むことも可能だが、肝付方を助勢する渋谷諸族や蒲生の軍勢が着陣してから、双方の応戦が激しくなり、矢玉が飛び交ったと読むこともできるのではないか。この史料だけで、両軍のうちどちらか、あるいは双方かが鉄炮を使用したことを確定するのは難しい。そこで、関連史料として「種子島家譜（二）」をあげたい（＊6）。

「天文十八年己酉《きゆう》五月、加治木黒河崎（黒川崎）合戦の時、太守公（貴久）軍に属し、平山備中守友憲・安納隠岐守・鮫嶋源右衛門軍功あり。日高又太郎戦死」

種子島時堯が貴久に援軍を送っており、平山備中守などが手柄を立てていることがわかる。また日高又太郎の戦死は島津方の史料でも確認できる（＊7）。

時堯の夫人は島津日新斎《じっしんさい》の三女（貴久の妹）である。その縁から時堯が義兄に助勢したのである。そして、種子島勢が鉄炮も携行して実戦で使用した可能性が高いのではないだろうか。結局、合戦は長期戦の末、島津方の勝利に終わった。鉄炮が華々しく実戦に登場して、これを機に注目されるようになったのである。

＊1 『旧記雑録拾遺家わけ四　種子島家譜（四）』六〇号「鉄炮記写」
＊2 洞富雄『鉄砲―伝来とその影響』第一章　思文閣出版　一九九三年
＊3 『旧記雑録前編二』二六一〇号「忠元譜」、二六一二号「年代記」
＊4 ＊3二六二九号「貴久公御譜中」
＊5 三木靖『薩摩島津氏』第三章　新人物往来社　一九七二年
＊6 『旧記雑録拾遺家わけ四　種子島家譜（二）』天文十八年己酉五月条
＊7 『旧記雑録前編二』二六〇八号

小根占港で外国船の戦闘

――鉄炮で日本人が戦死

前節で、天文十八（一五四九）年、加治木の黒川崎《くろかわさき》合戦で鉄炮が使用されたことを紹介した。じつをいえば、それより五年前の同十三年、鹿児島湾口に近い大隅半島の小根占《こねじめ》港（現・根占港）で、大砲や鉄炮を交えた外国船同士の激しい戦闘があった。この事件はほとんど知られていない。

小根占港は現在の田代町と南大隅町（旧・根占町）を東西に貫流する雄川《おがわ》の河口に位置している。戦国時代には琉球や中国、東南アジアとの交易で栄えていた。

江戸時代の地誌『三国名勝図会《さんごくめいしょうずえ》』三によれば、雄川は当時の下大隅《しもおおすみ》郡で一、二の大川だった。その河口を港口といい、川幅が五十間余ほど（約九〇メートル）あった。満潮になると大船も出入りした。古くは港口が深く広大で、唐土《もろこし》（中国）の商船がやってきて交易をしていた。そのため、小根占村川南の地は唐人屋敷、市坊札辻通りは唐人町と呼ばれた（＊1）。

また南蛮船（ポルトガル船）も来航したという。そして同書には注目すべき記事がある。

「当村の士である池端六右衛門の系図によれば、弥次郎重尚の伝に、永禄三（一五六〇）年六月、小禰寝《ねじめ》港において唐人が南蛮船といくさをしたとき、（重尚が）戦死したという」

小根占港で中国人とポルトガル人の間で戦闘があり、池端弥次郎重尚が戦死したというのである。

しかし、この記事は年次と場所を他の事件と混同していると指摘されている。すなわち、永禄四（一五六一）年、薩摩半島南端の山川港で、島津方が外敵（おそらく大隅の反島津勢力）と勘違いして、ポルトガル商人のアフォンソ・ヴァズを負傷させ、のち死亡させた事件のことだといわれている（＊2）。

では、小根占港での戦闘はいつのことか。この戦闘で戦死した日本人池端弥次郎重尚の家の古文書「池端文書」にその答えが書かれている。（＊3）。

「嫡子右衛門尉清住は高岳（日向高岡）で討死した。その嫡子弥次郎重尚も小祢寝港で唐

南蛮船繋留の大楠　＝南大隅町根占

現在の根占港　＝南大隅町

人と南蛮人のいくさのとき、手火矢《てびや》にあたって討死した」

この戦闘で討死した重尚は「手火矢」すなわち、鉄炮で撃たれたのである。そして末尾に天文十三（一五四四）年十一月五日と年月日が記されている。この年は種子島に鉄炮が伝来した翌年である。文献上、鉄炮による日本人の死亡者第一号かもしれない。

この戦闘については、さらに具体的な証言もある。交戦したどちらかのジャンク船に同乗していたと思われるガリシア人（イベリア半島の民族）のペロ・ディエスが語ったものである（＊4）。

「パタニに住むチナ《（中国）》人の所有する五隻のジャンクがその港（小根占港）にいたとき、そこには何人かのポルトガル人がいたのであるが、そこへ一〇〇隻以上のチナ人のジャンクが互いにつなぎ合って襲ってきた。これに対して、五隻のジャンクにいたポルトガル人は四隻の小舟に三門の火砲と一六丁の鉄砲をもって応戦し、チナ人のジャンクを破壊し、多くの人々を殺した」

これによると、戦ったのはともに中国のジャンク船同士であり、その一方に同乗していたポルトガル人の大砲と鉄炮が劣勢だったにもかかわらず、予想以上に威力を発揮したようである。なお、パタニはマレー半島にあった王国である。

池端弥次郎重尚はたまたま居合わせて巻き添えを食ったのではなく、一方のジャンク船に乗船しており、戦闘で戦死したものか。もしそうであれば、重尚は後期倭寇の一員だった可能性もあるだろう。このような争乱も含めて、小根占港は国際色豊かな港だった。

＊1 『三国名勝図会三』巻之四十五　五代秀尭・橋口兼柄編　青潮社
＊2 岸野久『ザビエルと日本—キリシタン開教期の研究—』補論第一章・第三章　吉川弘文館　一九九八年
＊3 『旧記雑録拾遺　家わけ一』「池端文書」七三一・三二号
＊4 岸野久『西欧人の日本発見—ザビエル来日前 日本情報の研究—』第二章Ⅲ　吉川弘文館　一九八九年

戦国の犬猫物語

——犬の争奪から二十年戦争

戦国時代の史料（書状や日記など）には動物の記事が少なくない。いちばん多いのは、やはり馬や鷹だが、犬や猫も登場する。

前著の戦国・近世編2では、天正十二（一五八四）年、太守島津義久の老中上井覚兼《うわいさとかね》が肥前島原のキリシタン大名である有馬晴信から白い南蛮犬を贈られたことを紹介した。覚兼はその犬を義久に献上した。義久は「珍犬」だと喜んだが、卜占《ぼくせん》で不吉だという卦《け》が出たため、覚兼に返した（＊1）。その後、豊臣秀吉の弟秀長が所望したので、覚兼は断り切れずに南蛮犬を譲っている（＊2）。

また猫の珍しい記事もある。たとえば、慶長六（一六〇一）年頃、太守義久が近衛前久《このえさきひさ》に猫六匹を献上している（＊3）。

また弟の島津義弘も同じく前久に猫を贈っている。前久も「本望の至り、年来待っていたところ、ことさら美しく見事で、一段満足している」と述べるとともに、さらに猫がほしいと義弘に頼んでいる。その理由が面白い。「その猫は夫人に取られてしまい、自分の

東郷家一族の墓　＝薩摩川内市東郷町

手許にはいないから、もう一匹送ってもらえないか。決して他人に譲るのではない。娘も懇望しているけれど、それは無視していい。まず自分の分を一匹ほしい」と所望している（＊4）。

これでは、義弘は前久だけでなく娘の分も合わせて送らざるをえなかったのではないか。ペット好きは今も昔も変わらないとほほえましくなるが、じつは犬をめぐって合戦になったことがある。そうなると、穏やかではない。

戦国時代、山北《さんぼく》と呼ばれた北薩地方には、出水郡に薩州島津家、高城《たき》・薩摩両郡に渋谷党（渋谷五族）が割拠していた。渋谷党（東郷、祁答院《けどういん》、鶴田、入来院、高城）のうち、惣領といえる東郷家は勢力が大きく、川内川の北岸にあたる薩摩郡の上東郷、下東郷、高城郡の高城、水引、中郷、湯田、西方などを領していた。知行高は二万石あったという（＊5）。

薩州家と東郷家は境目を接していただけに、たびたび境界をめぐる紛争を起こしていた。事件が起きたのは天文《てんぶん》十六（一五四七）年ころだといわれる（＊6）。

薩州家の六代島津義虎の家来で湯田兵庫という武士が阿久根に住んでおり、「秘蔵の飼犬」をもっていた。よほど評判の犬だったのだろう。それを聞きつけたのか、東郷重治の家来（氏名不詳）が阿久根に行った折、兵庫の犬を盗み取ってしまった。怒った兵庫は東郷に出向いて、盗んだ男の家に押し入って斬り殺し、犬を取り戻した。

これを機に、両家は戦争状態に突入した。元亀元（一五七〇）年、東郷重尚（重治の養子）が太守義久に服属するまで、じつに二十年以上も抗争がやまなかったのである。

弘治《こうじ》三（一五五七）年十一月には、阿久根の深迫、尻無の両村で合戦があり、薩州家方は田代淡路と白男川因幡が東郷方の肱岡左門と津田将監という大将を討ち取った。このとき、湯田兵庫は戦死している。

犬の持ち主が戦死したにもかかわらず、まだ戦争は終わらなかった。その後、永禄十一（一五六八）年六月、阿久根でまた合戦があり、薩州家方は六十三人が戦死して敗北した。翌十二年八月、また阿久根の深迫村で合戦があり、東郷方の家老白浜重陣はじめ八十三人が戦死し、今度は薩州家方が勝利している。

二十年以上継続した戦争の原因が犬の取り合いだったという、笑うに笑えない話である。

＊1 『上井覚兼日記』上　天正十一年三月八日条、同書・中　同十二年十月二十四日条、同年十一月三十日条
ともに岩波書店

＊2 『旧記雑録後編二』三五六号

＊3 『旧記雑録後編三』一五九四号

＊4 『旧記雑録附録二』二七〇号

＊5 『本藩人物誌』巻之十　東郷重尚譜

＊6 ＊5巻之十　東郷重治・同重尚譜

第二章　島津氏、九州制覇へ挑む

島津軍の肥後矢崎城攻め

——海路上陸、北進の端緒

戦国期、島津氏は天正五（一五七七）年に宿敵だった日向の戦国大名伊東氏を逐い、翌六年、日向に進攻してきた豊後の大友宗麟の大軍を高城《たかじょう》合戦で破って、悲願の三州（薩摩・大隅・日向）の統一を成し遂げた。

これを機に、九州の勢力地図に大きな変化が生じた。六カ国守護で九州随一の大名だった大友氏が衰退し、代わって南九州の島津氏、西九州の龍造寺氏が台頭、九州に三雄がせめぎ合う、いわば三国鼎立《ていりつ》の状況が生まれたのである。

それに伴い、焦点となったのは肥後国の動向だった。肥後には大きな大名が存在せず、国衆が各地に割拠していた。

同八（一五八〇）年春、大友氏に服属していた城親賢《じょうちかかた》（隈本城主）と名和《なわ》顕孝《あきたか》（宇土城主）が自立を策した。宗麟は離反を許さじと、大友方の国衆である阿蘇惟将（阿蘇大宮司家）とその家老の甲斐宗運らが隈本《くまもと》城に攻め寄せた。そのため、親賢と顕孝は人質を出して島津氏に早急の支援を求めた（＊1）。

矢崎城跡の石碑（右）と供養塔　＝熊本県宇城市

島津方では、太守義久の命で、同年六月、次弟忠平（のち義弘）の家老鎌田寛栖《かんせい》と三百の兵が情勢視察のため隈本（のち熊本）に派遣された。さらに新納忠元、伊集院久治を大将に、「数万」の軍勢が本格的な支援のために派兵されることになった。そのなかには、隈本城の守将に予定された佐多久政、川上忠智、上原尚近、宮原景晴なども含まれていた（＊2）。

　その軍勢は肥薩国境の出水郡米ノ津に集結し、船で北上した。陸路をとらなかったのは、肥後南部の大名相良義陽《さがらよしてる》が阿蘇氏と通じて敵対していたのと、天草諸島の志岐麟泉《しきりんせん》（志岐城主）などの国衆が島津方に帰順していたためである。

島津軍の船団数百艘は隈本の外港である高橋の津（現・熊本市西区高橋町か）に上陸した。翌日、隈本城に入城して、城主の城親賢父子と対面した。そして四方の情勢を探ったのち、まず隈本との連絡を妨げている宇土半島の制圧を優先すべきだと決した（＊3）。

宇土半島には半島南側の矢崎城（現・宇城《うき》市三角町郡浦）に中村一大夫、北側と思われる網田城（現・宇土市下網田町か）に中村二大夫がこもっていた。二人は阿蘇氏と結んでいたので、島津方はまずこれを攻めることにした。

十月十五日、島津勢の船団は海路、宇土半島を回り、矢崎城近くの浜に上陸して同城を囲んで攻め立てた（＊4）。

「（島津方は）四方八方から吐気《とき》（鬨）を作り、われ先にと攻め上り、射つけ火矢を散々に射させたので、火炎が天に焼き上った」

城主の一大夫はもはやこれまでと、妻子を殺害したのち、一族郎党が全員城外に打って出た。激しい乱戦の末、酉の刻（午後六時ころ）になってようやく島津方が勝利した。島津方にも市来備前守、長野民部少輔《みんぶのしょう》など少なからぬ戦死者が出た。翌十六日、島津勢は網田城にも押し寄せた。すでに矢崎城の落城を知った城方が戦わずして和議を申し入れたので、城兵を阿蘇方に送るという形で開城が成った（＊5）。

かくして、宇土半島の占領が成り、島津氏は九州制覇に向けた本格的な北進政策の第一歩をしるしたのである。

二〇一五年春、矢崎城跡を訪れた。地元では城兵のみならず女性や子どもの犠牲者を悼み、供養碑や供養塔を建立してあったのが印象的だった。

＊1　『旧記雑録後編一』一一三六・五七・五八号
＊2　＊1一一七六号
＊3　＊1一一六〇・六一号
＊4　＊1一一八〇号
＊5　＊4に同じ

島津軍の水俣合戦

――相良義陽の服属と戦死

前節で紹介したように、島津氏の肥後侵攻は天正八（一五八〇）年から始まった。その最大の敵は肥後南部で球磨《くま》・葦北《あしきた》・八代の三郡を領する戦国大名相良氏だった。

島津氏と相良氏は永年、抗争と和睦をくり返してきた。相良氏が島津氏と対立する大隅の国衆である菱刈氏、北薩の渋谷党、日向真幸院《まさきいん》の北原氏などに加勢していたからである。同四（一五七六）年には島津氏の主家筋（御家門）にあたる前関白《さきの》の近衛前久がじきじきに薩摩に下向し、太守島津義久に相良氏との和睦を勧告したこともある（＊1）。しかし、休戦も一時的で再び抗争が再開された。

相良氏の当主義陽《よしてる》（一五四四〜八一）は何かと義久と競合する面が多かった。たとえば、諱《いみな》（実名）の「義」の字はともに将軍足利義輝からの拝領で、官途《かんと》名もともに修理大夫《しゅりのだいぶ》。しかも、二人とも永禄七（一五六四）年に任ぜられていた（＊2）。

前回みたように、同八年、島津軍が隈本《くまもと》城の救援と宇土半島の矢崎城を攻めたとき、海路をとらざるをえなかったのも、相良氏が大友氏と結び、島津氏に敵対していたからである。

肥後国に橋頭《きょうとう》堡《ほ》を得た島津氏は翌九年八月、満を持して相良氏攻めを開始した。いわゆる水俣合戦である。なお、この合戦の年次については前年の同八年説がある。『鹿児島県史料 旧記雑録後編一』も九年条だけでなく、八年条にも関連記事が多く見られる（＊3）。しかし、これは誤伝だと思われる。

相良義陽の霊廟・相良堂　＝熊本県宇城市

戦国島津氏の数多の合戦のなかで、この水俣合戦ほど詳しい陣立書（参戦した諸将の名前や兵数、配置などを記したもの）が残っているのも珍しい。しかも、島津軍の総勢が一万五〇〇〇人という驚くような大軍である（＊4）。

その陣立書によれば、先陣の総大将は島津家久と同征久《ゆきひさ》。物頭衆（侍大将クラス）が五三人で総勢三万一〇〇〇人。次の陣は島津忠平（のち義弘）が総大将、脇大将に同北郷《ほんごう》忠虎など六人、物頭衆五一人で総勢三万一〇〇〇人。本陣が太守義久で、陣大将が島津義虎（薩州家）と同歳久、脇大将が同忠長《ただたけ》など四人、物頭衆七〇人で、総勢五万三〇〇〇人という内訳である。

もっとも、この数字は明らかに粉飾、誇張されており、実数はその半分以下だったのではないかと推定される。「勝部兵右衛門聞書」には「三州の軍勢都合五万三千余騎」とある（＊5）。これでも多い気がするが、妥当かもしれない。

対する相良方は水俣城に犬童美作守と息軍七のほか、八代奉行の東左京亮、蓑田信濃守、高橋駿河守、宮之原周防介などがこもった。総勢は七〇〇人ほどだったから、はなから勝負にならなかった（＊6）。

城攻めは八月十七日に始まった。城方はそれでも一カ月ほどもちこたえた。八代城にいた相良義陽が救援に駆けつけ、佐敷に到達したが、島津の大軍に驚き、抗戦の無駄を悟った。水俣城は九月二十日に開城、二十六日に義陽も降伏する運びとなった。それに伴い、水俣城のほか佐敷、湯之浦、津奈木の三城も島津方に差し出された。また義陽の二人の息子（のち忠房、頼房）も人質となって島津方に送られた（＊7）。

服属を誓った義陽はその証を立てようとして、兵五〇〇〇を率いて出陣し、阿蘇氏方の甲佐、堅志田《かたしだ》方面に押し出した。そして堅志田城の麓を破って放火し、十二月二日、響原《ひびきのはら》に陣を張った。そこへ阿蘇家の家宰甲斐宗運に急襲され、義陽は討死してしまった（＊8）。

義久は義陽の家督を長男四郎太郎忠房に継がせ、相良氏の家名を存続させた。その後、相良氏の家中で内紛が起こったため、義久は相良氏旧領のうち、球磨郡を除いて忠平に与えている（＊9）。

＊1　『相良家文書之二』五六三〜六八号　東京大学出版会
＊2　『島津家文書之二』六三七号、＊1五〇九号　ともに大日本古文書　東京大学出版会
＊3　たとえば、一一六三号「肥後合戦御陣立日記」は年次を天正八年庚辰とし、多数の武将名を挙げた交名になっている。
＊4　＊3と同じ。
＊5　『旧記雑録後編一』一二三二号
＊6　＊5一一六三・一二三一号
＊7　＊5一二二一九号
＊8　＊5一二五〇・一二五五号
＊9　＊5一二五八号

島津軍の肥後中部侵攻・上

――阿蘇方の堅志田城攻め

私事で恐縮だが、中世や戦国の山城を見学するのが趣味である。以前から訪れてみたかったのが堅志田城《かたしだ》（熊本県下益城郡美里町）だった。

戦国時代、同城は阿蘇大宮司家の支城で、同家と北進してきた島津方の攻防の焦点となった城であることも訪問したかった理由である。

堅志田城は現在、自治体による整備が進んでいる。山頂部は樹木が伐採されて、当時の縄張の遺構（曲輪、空堀、堀切、土塁など）がくっきりと見えるように配慮されており、山城の面白さを堪能できる史跡である（写真参照）。

前節で見たように、天正九（一五八一）年九月、島津氏は肥後南部を領していた相良氏を服属させた。それにより、島津氏は肥後南部の三郡（八代・球磨・葦北）を手中にしたほか、宇土半島に橋頭堡《きょうとうほ》を築き、隈本城の城親賢《じょうちかかた》とも結んでいた。

次なる課題は肥後中部への侵攻だった。しかし、中部から東北部の益城《ましき》・阿蘇の両郡には阿蘇大宮司家が健在だった。鎌倉時代から肥後各地に社領を形成してきた大領主として、

堅志田城の張出し曲輪跡　＝熊本県下益城郡美里町

なお隠然たる勢力をもっていた。

阿蘇大宮司家の当主惟将は若く、家宰の甲斐宗運《そううん》（一五一五～八五、御船城主）が実権を握っていた。島津方も宗運を「平性（平生）武略人の事隠れなく候」と評するほどの歴戦の武将だった（＊1）。宗運は大友氏の衰退を見てとると、同九年には肥前の龍造寺隆信を後ろ盾に島津氏に対抗しようと考えた。

しかし、武略のすぐれた宗運をもってしても、島津氏の圧力に抗しがたく、ついに島津氏と和睦せざるをえなくなった。同十年十二月、宗運と一族の甲斐上総介（隈荘城主）は人質を出して島津氏に服属した。

この和睦をめぐって、じつは島津家

堅志田城の土塁（手前）と一の郭　＝熊本県下益城郡美里町

中で議論があった。宗運が龍造寺方には実子を人質に入れていたのに、島津方へはそれを拒絶したので、宗運の真意が疑われたのである。結局、島津家久の判断で甲斐一族から人質を取ることで決着した。島津方は宗運を龍造寺方から離反させることを重視したのである。

しかし、宗運は島津方に対して巧みな面従腹背の態度をとった。その一環と思われるのが、島津方への最前線に位置する堅志田城（現・熊本県下益城郡美里町）にひそかに兵を入れたことである（＊2）。

これをきっかけに、島津方は阿蘇氏＝甲斐宗運と断交し、堅志田城攻略を決めた。しかし、峻険な山城だったため、その攻略には四次にわたり、二年を要したのである。

第一次は同十一年九月十七日から始まった。島津方の忍び衆三〇人が船で小川（現・宇城市小川町）に上陸するとともに、陸からは伊集院忠棟、平田光宗、上井覚兼《うわいさとかね》などの老中衆が中心となって攻め寄せた。しかし、忍び衆の侵入が城方に気づかれて失敗したため、島津軍は山麓を放火するだけで引き揚げた（＊3）。

第二次は一次からほどない十月七日からだった。一門衆の島津征久《ゆきひさ》や同忠長らの増援を加えて攻めた。城下の町屋を破却し、寺を陣城にしたが、総攻撃はしなかった。

第三次は十月下旬で、鬮取《くじと》りをしたら、城近くの陣取りは不可という結果が出たので、堅志田城の西にある花之山に陣城を築き、同城を遠巻にして牽制することにした（＊4）。島津氏の堅志田城攻めはさらに長引くことになった。

＊1　『上井覚兼日記・上』天正十年十二月二日条　岩波書店
＊2　＊1天正十一年九月十七日条
＊3　＊1と同じ
＊4　＊1天正十一年十月十七・二十二日条

島津軍の肥後中部侵攻・下

――「悪日」無視し、敵城攻略

前節で紹介したように、天正十一(一五八三)年から島津軍は甲斐宗運方の堅志田《かたしだ》城を攻めたものの、一次から三次の攻撃が失敗に終わり、花之山《はなのやま》に付城を築いて持久戦に転じた。第四次は二年後の同十三年閏八月である。阿蘇家は大友義統と結んで攻勢に出て花之山砦を攻略したので、島津方も本格的な反撃を開始した。

その間、島津方は同十二年三月、島津家久(四兄弟の末弟)が龍造寺方に圧迫されていた有馬晴信を救援するため、島原半島に上陸、沖田畷の戦いで龍造寺隆信の大軍を撃破し、隆信を討ち取った。これにより、龍造寺氏は人質を出して島津氏に降伏した。

ほかにも筑前の秋月種実、肥後の合志親為《ごうしちかため》、隈部親永《くまべちかなが》等の諸氏が次々と帰順した。太守島津義久は肥後の本格的な領国化に着手し、八代の拠点化を図った。そして次弟忠平(のち義弘)を八代に置くとともに、守護代に任じて事実上の家督継承者とした(*1)。

一方、阿蘇大宮司家でも不運があった。大黒柱の甲斐宗運が同十三年七月三日に他界したのである。享年七十一歳。宗運は島津氏と対抗するために、大友氏や龍造寺氏を後ろ盾

隈荘城跡の遠景　＝熊本市南区城南町

にするという巧みな外交術に長けていた。軍事面でも、堅志田と隈荘（現・熊本市南区）の両城を堅守しながら、島津方と渡り合っていたのである。

持久戦の膠着状態が急変したのは同十三年八月十日だった。宗運の跡を継いだ二男の相模守親教（親秀とも）は堅志田城の目の上のこぶというべき花之山砦を数千の軍勢で攻めて落城させたのである。島津方は守将の木脇祐昌や鎌田政虎など三〇余人が討死したという（＊2）。

宗運は存命中、血気にはやる親教が花之山砦を攻めたいと訴えたのに対し、「同城を攻め落とすのはたやすい。しかし、それが薩摩に知れたら、必ず島津方が大軍を催すだろう。そのとき、誰がそれを防ぐというのか。微々

隈荘城跡石碑

たる小城にこだわって大局を見失うな」と堅く戒めたという（＊3）。

しかし、親教は父が他界すると、その教えを無視して花之山砦を攻め落としたのである。そして、宗運の予想どおり、島津方の大がかりな反撃を食らうことになった。

閏八月十日、忠平は大軍を率いて八代を進発し、小川（現・熊本県宇城市小川町）に陣を置いた。翌十一日、まず甲斐一族の甲斐上総介が守る隈荘城に攻めかかり、敵二〇〇人ほどを討ち取って勝鬨《かちどき》をあげた。甲斐方は居城の御船城から四〇〇〇人の援軍が近くに着陣した。

十二日、忠平の陣中では軍議が開かれた。敵の援軍と明日にも雌雄を決すべきだという意見が多いなか、軍配者《ぐんばいしゃ》の川田義朗《かわだよしあき》（？〜

一五九五）に吉凶を占わせた。軍配者は物事の吉凶や気を観るのを専門とする卜占家である。義朗の見立てでは「明日から続けて悪日《あくにち》が到来するので、お働きはご無用」というものだった（＊4）。悪日とは運勢が悪い、縁起が悪い日という意味である。義朗の託宣により明日の合戦は中止と決した。

ところが、翌十三日、忠平が法蓮寺之尾に陣を移したところ、島津軍の血気盛んな若衆が出撃延期の命をきかずに堅志田城の麓に向かって攻め寄せた。大将たちがこれを押し止めようとしたが、もはや騎虎の勢いである。まず甲佐城を落とし、その勢いで堅志田城まで攻略してしまった。驚いた甲斐親教は十五日、御船城を捨てて退散した（＊5）。

宗運の生前の予想が的中する一方、義朗の託宣はいい意味ではずれてしまったのである。

＊1　『上井覚兼日記　中』天正十三年四月十三日条
＊2　『旧記雑録後編二』六〇号
＊3　＊2七二号「勝部兵右衛門聞書」
＊4　『上井覚兼日記　下』天正十三年閏八月十二日条
＊5　＊4閏八月十三日・十五日条

伝・赤星統家夫妻の墓

——沖田畷で子女の仇討つ

天正十二（一五八四）年三月、長崎県の島原半島で沖田畷《おきたなわて》の合戦があった。島津家久（義久、義弘の末弟）率いる島津軍と地元の有馬晴信（肥前日之江城主）の連合軍が肥前佐賀の龍造寺隆信《りゅうぞうじたかのぶ》の大軍と戦い、総大将の隆信を討ち取って勝利した戦いとして知られている。

この合戦で島津・有馬連合軍の先陣として奮戦したのが赤星統家《あかぼしむねいえ》という武将である。統家は親隆、道繁ともいい、肥後国菊池郡の隈府《わいふ》城主だった。赤星氏は菊池一族の流れをくみ、没落した菊池宗家を支える三老臣のひとりだった（ほかは隈部《くまべ》と城《じょう》の両家）。

統家のその後については知らなかったが、枕崎市文化資料センター南溟館《なんめいかん》の末永俊英館長から統家一族のものと伝えられる墓所が枕崎市に二カ所あることを教えられて驚き、さっそく見学した。

そのひとつは統家夫人とその付き人のものと伝わる墓所で、同市松崎の畑の一角にあった。手前に小さな墓が二基並んでいるが、これは後述するように、統家が龍造寺氏に人質に出して殺害された息子と娘の供養墓のようである（写真下参照）。

もうひとつは同市桜馬場の竹林のなかにある。統家とその供衆の墓と伝わるものである（写真上参照）。『枕崎市史』によれば、旧村役場の書類に「赤星宗可老」の墓とあり、四月二十日という命日は刻んであるものの、法名不明とある。そのほか「赤星宗可老奥方墓」もあったとされ、「延宝六年辛八月二十一日」と命日が刻んであるが、こちらも法名不明という（＊1）。

もっとも、延宝六年は西暦に換算すると一六七八年にあたり、沖田畷の合戦から一世紀近くもたっていることから、統家夫人の墓だとは思われない。同市の史跡マップ『枕崎市史跡処』は統家の子孫の奥方ではないかと推定している。さらに命日にも疑問がある。延宝六年の干支《えと》は「戊午《つちのえうま》」であり、「辛〇《かのと》」ではない。そもそも、赤星夫妻の墓所がなぜ分かれて別々に

赤星統家と供衆と伝わる墓
＝枕崎市桜馬場

統家夫人と殺害された二人の子女のもの（手前）と伝わる墓　＝枕崎市松崎

あるのかもよくわからない。

では、統家夫妻と伝えられる墓がなぜ枕崎にあるのだろうのか。天正九（一五八一）年四月、肥前で勢力を拡大した龍造寺隆信が肥後にも侵攻してきた。隈府城は龍造寺政家（隆信嫡男）の大軍に攻められて落城した。統家は息子（嫡男新六郎、十四歳）と娘（安姫、八歳）を人質に出して、合志城竹迫に退いた（＊2）。

ところが、統家の人質二人は柳川に抑留されていたが、隆信の命令により筑後と肥後の国境である竹井原で磔刑に処せられてしまう。統家は復讐の炎に燃えて、肥後に進出してきた島津氏に従うことにした。島津軍の島原出陣も統家が龍造寺方に一矢を報いたいと手を合わせて懇願したためだという説もある（＊3）。

いざ決戦となると、統家率いる赤星勢はわずか五十余人だったが、全員赤装束となり、決死の覚悟で真っ先に木戸を開けて飛び出した。龍造寺方の先陣は赤星勢に攻め立てられて崩れたという（＊4）。

沖田畷の勝利に貢献した統家はその後も島津氏に従ったため、豊臣秀吉の九州陣で旧領をふたたび奪われた。そのため、島津氏に寄食して鹿籠《かご》（現・枕崎市）の領主喜入《きいれ》氏に庇護されることになった。

ただ、そのいきさつには疑問がある。赤星家は菊池一族で家柄もよく、統家は島津家のために武功を立てている。それほどの人物なら、島津家中でしかるべき厚遇を受けてもおかしくない。それがなぜ喜入氏の食客というか、厄介にならないといけないのか。

その疑問を解く手がかりがあった。天正十五（一五八七）年、島津氏が豊臣秀吉に降伏したのち、肥後国に佐々成政が転封されたものの、国衆が成政の強引な検地強行に抵抗した。肥後の国人一揆である。そして一揆の国衆のなかに「赤星備中守」が含まれていた。統家のことである（*5）。この国一揆は毛利氏や島津氏の加勢もあって徹底的に弾圧された。一揆敗北後、統家は縁のある島津氏を頼って亡命してきたのだろう。しかし、統家は反逆者だから、島津氏は秀吉を憚って直臣として召し抱えられず、喜入氏に預けたのではないだろうか。そう考えれば、統家が世に出ないままひっそりと枕崎で生涯を終えたのも合点がいく。

＊1　『枕崎市史』第一章　名所旧跡　枕崎市史編さん委員会編　枕崎市

＊2　『肥前叢書二』巻之廿七　肥前史談会編　青潮社、『改定史籍集覧』第七冊「豊薩軍記」巻之四「隆信肥後出張并赤星没落事」には「嫡子新六とて生年十一歳」とある。

＊3　「肥陽軍記」『大日本史料』第十一編之六　天正十二年三月二十四日条　東京大学出版会

＊4　「鍋島直茂考補」『大日本史料』第十一編之六　天正十二年三月二十四日条　東京大学出版会

＊5　『黒田家文書一』九一号　天正十五年九月八日付　豊臣秀吉朱印状　福岡市博物館編・刊

豊後戸次川の合戦・上

――島津家久の鶴賀城攻め

島津氏の北進策の最終段階にして、最大の目的は豊後侵攻だった。

肥後の平定、筑前、筑後の制圧が一段落すると、天正十四（一五八六）年十月中旬、島津軍は肥後口（阿蘇口）と日向口の二手に分かれて一斉に豊後に侵入した。

肥後口の総大将は島津義弘で、副将は同歳久・忠隣《ただちか》父子、同征久《ゆきひさ》、同忠長《ただたけ》、陣大将は川上信久、新納忠元、北郷《ほんごう》忠虎、樺山規久、伊集院忠棟、同久春、町田久倍《ひさます》など総勢三万七〇〇〇余人。日向口からは島津家久が総大将で、陣大将は山田有信、吉利忠澄、土持久綱、伊集院久治、同美作守、本田親貞、上井覚兼《さとかね》など、総勢一万余人（＊1）。

両口あわせて四万以上の大軍が侵攻したうえに、大友家中のうち、南郡衆と呼ばれる豊後南部の直入《なおいり》、大野両郡の国衆から内応者が続出した。たとえば、入田義実《にゅうたよしざね》、志賀親守、同親孝父子、田北鎮利などである。そのため、当初、島津軍は怒濤の勢いで国境を越えたのである。

ここでは、日向口の島津家久勢の動きをみてみたい。右の動員令が発せられたとき、日向口が肥後口の三分の一と兵数が少ないことについて、日向衆が不満の声をあげている。とくに大身の日向衆である北郷忠虎（庄内領主）が肥後口に配されたので、家久が「殊更庄内衆参らず候はば、此の口（日向口）一段無人数たるべく候」と嘆いている（＊2）。

その不満は太守義久の耳にも届いたらしく、日向衆のうち、肥後口に遠征できない無足衆（知行三〇石未満の地侍）や足軽衆は日向口に参陣するようにと、手当てを命じている（＊3）。

十月十五日、家久勢は豊日国境の梓峠を越えて豊後宇目郷（現・大分県佐伯市）に入った。国境の朝日岳城代の柴田紹安が出迎えた。紹安の案内で、家久勢は三重郷（現・豊後大野市三重町）に進出し、松尾城を奪って本陣とした。

二手に分かれた島津軍だが、義弘と家久がどのような共同作戦をとるつもりだったのか不明である。ただ、十一月から十二月初旬の時点では、大野川上流域にあたる岡城（現・竹田市大字竹田）方面で合流しようとしていたように思われる。同城主は熱烈なキリシタン信者の志賀親次である。父道益は島津方に内応していたが、主君の大友宗麟に忠節を誓う親次は父にも反発して籠城し、義弘勢に頑強に抵抗した。岡城の攻防が持久戦模様になったため、家久は方向を転じて大野川を下り、大友氏の本拠である府内城（現・大分市）をめざしたのではないだろうか。

大野川は九州山地の山間部から大分平野を貫流して別府湾に注ぐ豊後国有数の河川であ

島津家久が本陣を置いた梨尾山　＝大分市上戸次

る。その中流域は別名、戸次川《へつぎがわ》とも呼ばれていた。

戸次川の右岸に鶴賀城があった。城主が利光《としみつ》氏だったので、利光城とも呼ばれた。当主宗魚《そうぎょ》は大友氏に従い、城兵七〇〇人を含む老若男女三〇〇〇余人と立てこもった（＊4）。城兵が激しく抵抗したのは、宗魚がキリシタンに改宗し、家臣など八〇〇人も受洗したからだろう（＊5）

家久勢が利光城を囲んだのが十二月六日である。家久は鶴賀城を南から望む梨尾山に本陣を置いた。その日のうちに家久勢は城兵の抵抗戦を三の丸、二の丸を落とし、城兵を本丸に押し込んだ。十日には宗魚が島津方に狙撃されて戦死したが、城はまだ落ちなかった（＊6）。

＊1　『旧記雑録後編二』一九二号「義久公御譜中」
＊2　『上井覚兼日記　下』天正十四年十月九日条　岩波書店
＊3　＊2に同じ
＊4　＊1二〇九号「天正拾四年嶋津豊後江発向之事」
＊5　『フロイス日本史8』第五九章　松田毅一・川崎桃太訳　中央公論社
＊6　「大友家文書録」天正十四年十二月七日条　田北学編『増補訂正 編年大友史料』二七

豊後戸次川の合戦・中

家久、豊臣軍を迎え撃つ

前節で戸次川《へつぎがわ》右岸の鶴賀城が島津家久の軍勢に囲まれ、城主の利光宗魚《としみつそうぎょ》が戦死したことを紹介した。その日にちについては、天正十四年（一五八六）十二月七日説と同月十日説がある。

七日説を採る「岡田記」には宗魚の戦死の様子が書かれている（＊1）。

「十二月七日の暮れ、大将鑑祭（宗魚のこと）は矢蔵に上がり、敵の勢いを見ているところに、敵一人が退かずに残って木陰に隠れており、下から鉄炮を撃ったら、のど輪のはずれに当たり、果ててしまった。敵は落ち行くところを（利光方の）鉄炮で撃ち止められた」

総大将を撃たれた城方では、一族の利光弾正や同平助らが家久の本陣が置かれた梨尾山を夜討ちすべしと、いまにも報復戦に打って出る勢いだった。梨尾山（標高一七九・九メートル）は鶴賀城の南方八〇〇メートルほどにある（＊2）。

しかし、反対の声があがった。「敵は夜討ちを用心しているはずだから、もし本陣を破れず、味方に多数の討死が出たら、城は明日にでも落ちるだろう。それよりは大小の石を

鏡城跡（手前）から見た戸次川古戦場。対岸に家久勢が布陣、右奥の山が鶴賀城　＝大分市

たくさん用意してあるから、これで敵を撃退できる」と述べたので、夜討ちは中止になった（＊3）。

　一方、家久は本丸だけ残った鶴賀城をあえて攻めずにいた。なぜかといえば、すでに大友氏の本拠である府内城に豊臣軍の先手衆が入っているのを承知しており、一両日待てば、府内から援軍を繰り出してくるだろうから、それを待ち受けて撃破しようと考えたのである（＊4）。家久勢の陣立は次の通りで、総勢一万八〇〇〇余という（＊5）。

一番	伊集院美作	五〇〇〇
二番	新納《にいろ》大膳正《だいぜんのかみ》	三〇〇〇
三番	木庭主税介《ちからのすけ》	二〇〇〇
本陣	島津家久	八〇〇〇

このうち、三番の木庭主税介に関しては出自や履歴が不明で、他の史料では本田主税介(＊6)とか本石主税助(＊7)とも呼ばれていて、どれが正しいのかわからない。また、当初一万余人だった家久勢が一万八〇〇〇人と倍近くに増えているのもよくわからない。数字が過大か、寝返った豊後国衆も含まれているのだろうか。

豊臣軍が戸次川の対岸に現れたのは十二月十二日だった。高台にある鏡城周辺に布陣したという。その総勢は諸説あるが、六〇〇〇余人という(＊8)。家久勢の三分の一だったことになる。

豊臣軍の総大将は秀吉譜代の将である仙石秀久(讃岐高松城主)、長宗我部元親(土佐国主)、十河存保《そごうまさやす》(讃岐十河城主)と四国勢で編成されていた。ほかに目付として秀吉譜代の尾藤《びとう》知定《ともさだ》がいた。

両軍の対陣を見て気になるのは、家久勢の大将のなかに、本来登場すべき日向衆の主だった武将がいないことである。たとえば、家久の義兄である樺山忠助(紹釼《しょうけん》)、老中の上井《うわい》覚兼《さとかね》、ほかに山田有信、伊集院久治、本田親貞などの重臣たちである。

この点については、『本藩人物誌』が参考になる(＊9)。それによれば、樺山忠助、上井覚兼以下の大将が川下に備え、屈強な五〇〇の兵を鶴賀城の麓、すなわち川上に埋伏させたとある。家久自身の位置は書かれていないが、豊臣軍の正面に布陣したものか。つまり、正面と川上と川下の三方から合撃できる布陣だったと思われる。
いよいよ家久勢と豊臣軍の決戦の火ぶたが切られようとしていた。

＊1 「岡田記」『大日本史料総合データベース』天正十四年十二月七日条　東京大学史料編纂所
＊2 ＊1に同じ
＊3 ＊1に同じ
＊4 『樺山紹劍自記』 鹿児島県史料集（35） 鹿児島県史料刊行会
＊5 『旧記雑録後編二』 二〇九号など
＊6 ＊1に同じ
＊7 『大友豊筑乱記』 巻之下　歴史図書社
＊8 ＊7に同じ、＊5二〇八号「日向記」
＊9 『本藩人物誌』 巻之十一 島津家久譜

豊後戸次川の合戦・下

――家久、釣り野伏戦法か

天正十四（一五八六）年十二月、大友氏の本拠である府内城（現・大分市）にはすでに豊臣軍の先鋒として、仙石秀久（讃岐国主）を総大将に、長宗我部元親、十河存保《そごうまさやす》など四国勢が着到していた。

城中では利光宗魚《としみつそうぎょ》の鶴賀城が島津家久勢に囲まれているのを知ると、急ぎ大野川を遡って救援に向かった。利光城の対岸、鏡城周辺に布陣したのは十二月十二日だった。総勢は六〇〇〇余人という。諸書には参陣諸将のなかに大友氏当主義統の名前がないことが多いが、比較的信頼できる大友方の「大友家文書録」や島津方の『本藩人物誌』家久譜には義統の名前が見えるので出陣していた可能性が高い（＊1）。

鏡城では軍議が開かれた。豊臣軍の緒戦になるだけに、秀久は手柄を立てようとやる気満々だった。戸次川（大野川の地元名）を前にして、「この川は九州一の大河で、すこぶる難所ではあるが、多勢に切所《せっしょ》（困難な要害）はない。恐るるに足りない」と豪語した。これに対して、元親が「この川を渡るのは以ての外の大事です。敵が川端から引いて備えていま

戸次川合戦の古戦場　右奥の小山は豊臣方の鏡城跡
＝大分市利光付近

す。堤の陰に伏兵がいるのは疑いありません」と渡河に反対した（＊2）。義統も元親に賛同したという（＊3）。しかし、かつて元親と敵対したことがある存保が秀久に同調したため、ついに決戦に決した。

一方、島津方は対岸に姿を現した豊臣軍を初めて見ると、「味方の軍兵、珍しき都人に掛け合いせんは今日ぞ、軍の晴れなるべし」と色めきだち戦意を燃やした（＊4）。都人といっても仙石勢だけで、ほとんどは四国勢だったが、軍装や旗印などが島津方とくらべて派手だったのだろう。だから、豊臣軍を珍しがり、これと一戦できるのは幸運だと喜ぶ薩摩人の心性が興味深い。

総大将の家久は決戦を前に兵士たちに檄を飛ばした（＊5）。

「今日の合戦に、この家久は上使（豊臣軍）の仙石・長宗我部を相手に、是非とも戦死すると覚悟を定めた。一万八千余騎の軍兵《ぐんぴょう》どもも一人も生きて本国に帰ろうと思うな」

家久は味方を小勢に見せようとして兵を隠した。「樺山紹釼自記《かばやましょうけんじき》」には「城麓《じょうろく》の藪の蔭に堅《かた》まり居る」とあり、「大友家文書録」にも「（家久勢は）藪裏より伏兵起こり、炮矢を放つ、河中の兵皆矢に中《あた》りて死す」とある（＊6）。

そのうえで、家久は伊集院美作の軍勢を戸次川に押し出させた。しかし、豊臣軍のほうが新手だったので、伊集院勢は攻め立てられて退却した。このとき、後方から見ていた家久は「味方の敗軍を見て、手に汗を握り、歯がみして、はや駆け出そうとした」という（＊7）。

一方、この攻防を家久方の計略だったとする説もある。ルイス・フロイスは、豊臣軍は対岸に現れた薩摩勢が少数だと見てすぐさま川を渡った。しかし、「これは薩摩勢が相手の全員を渡河させるためにとった戦略であった」と述べている（＊8）。島津氏とくに家久が得意とする、いわゆる「釣《つ》り野伏《のぶせ》」戦法だろうか。

これを機に、家久勢の伏兵が鉄炮や矢を放ち、先手を攪乱《かくらん》したところで、ドッと総勢が押し出したので、豊臣軍は混乱し、とうとう敗走した。戦死者二三〇〇人以上を出したという（＊9）。とくに最後まで踏み止まった長宗我部勢は七〇〇余人が戦死した（＊10）。そのなかに勇猛で知られた元親の嫡男信親もいた。

＊1　「大友家文書録」天正十四年十二月十一日条　田北学編『増補訂正 編年大友史料』、『本藩人物誌』巻之十一　鹿児島県立図書館
＊2　『土佐物語二』巻第十五　国史叢書　国史研究会
＊3　＊1「大友家文書録」に同じ
＊4　＊1『本藩人物誌』に同じ
＊5　『旧記雑録後編二』二〇九号
＊6　＊1「大友家文書録」に同じ
＊7　＊5に同じ
＊8　『フロイス日本史8　豊後編Ⅲ』第七〇章　松田毅一・川崎桃太訳　中央公論社
＊9　＊8に同じ
＊10　＊2に同じ

長宗我部信親の戦死

——深入りした「心逸き大将」

前回、戸次川の合戦は島津家久方の勝利に終わり、豊臣軍が多数の戦死者を出して敗走したことを述べた。

その戦死者のなかに、大名クラスの人物が二人いた。長宗我部信親《ちょうそかべのぶちか》（一五六五〜八六）と十河存保《そごうまさやす》（一五五四〜八六、讃岐十河二万石）である。ここでは弱冠二十二歳の若さで戦場に散った信親の奮戦と最期のさまを見てみたい。

天正十四（一五八六）年十二月十二日、戸次川を渡河した豊臣軍のうち、仙石秀久や十河存保の軍勢が次々と崩れ立つなかで、長宗我部元親の軍勢だけが最後まで踏み留まっていた。なかでも、元親の嫡男信親の働きは際立っていた。

信親は通称を弥三郎といい、織田信長から一字を拝領して信親と名乗った。元親自慢の息子だった。身長は六尺一寸（約一八五センチ）もある偉丈夫で、ふだんは三尺五寸（約一〇六センチ）の兼光の刀をもち、兵法にも通じていた。また大柄にもかかわらず、身も軽く、走りながら二間（約三・六メートル）も飛ぶことができたという。この日は信長から拝領した左文字の太刀を帯びていた（＊1）。

勢いに乗った家久勢が長宗我部勢にも襲いかかってきた。家老の桑名太郎左衛門は信親の前でそれを防ぎ、信親に退却するよう必死に勧めた。

しかし、信親は退かずに下馬すると、四尺三寸（約一三〇センチ）の大長刀《おおなぎなた》を振り回し、たちまち八人をなぎ払った。家久勢の兵士はかまわずに次々と押し寄せてくる。信親は今度は太刀（左文字か）を抜いて、さらに六人を斬り倒したが、刃こぼれがひどくなった。信親も覚悟を決め、家久勢を追い散らしたあと、静かに腹を切ろうとしたが、結局、大軍に囲まれて討死を遂げた（＊2）。討ち取ったのは鈴木内膳という（＊3）。

一方、父の元親も馬から下りて戦っていたが、信親の戦死を知って自身も一緒に果てよう

長宗我部信親の墓　＝大分市上戸次

とした。家来の十市新左衛門尉が主人を討ち取られまいとして、自分の馬に元親を乗せて逃がそうとしたとき、先に解き放った元親の愛馬「内記黒《ないきぐろ》」が戻ってきたので、急ぎ元親を乗せて退却し、何とか虎口を脱した（＊4）。

のちに信親は漢の樊噲《はんかい》（漢の高祖劉邦《こうそりゅうほう》に仕えた豪傑）に匹敵するとまで評された（右同書）。その一方、「心逸《こころはや》き大将」であまりに深入りしすぎて退却の機を見失ったと辛口な評もある（＊5）。

敗戦後、元親は伊予の日振島《ひぶりじま》まで撤退した。そして信親の遺骸を収容したいと家久方に使者を派遣した。家久方も諸事に取り紛れ失念していたと謝罪し、仮埋葬地に案内した。しかし、すでに時日が過ぎていて、遺骸を運ぶわけにもいかず、その地で荼毘に付した。家久方も弔いの使者を送っている。信親の遺骨はその後、高野山に埋葬されたという（＊6）。

島津氏が豊臣政権に服属したのち、元親が泉州堺に滞在中、島津氏の家来の訪問をうけた。その武士は鞘がなく刀身を板に挟んだものを持参していた。そして「信親様が帯びてお果てなされた御太刀なので、形見になされませんか」と申し入れた。元親の家来が検分してみると、紛うことなき左文字の太刀で、鍔元《つばもと》から切っ先まで刃に切り込みが刻まれていて、信親の比類なき働きぶりをうかがわせた。

家来は信親の差料《さしりょう》だと確信して元親に知らせたが、急ぎ持ち主に戻せと答えて、その太刀を一目も見ず、両眼に涙を浮かべていたという（＊7）。かけがえのない息子を失った元親の無念さが伝わってくる。

＊1　「元親記」下　山本大校注『四国史料集』　人物往来社
＊2　＊1に同じ
＊3　『土佐物語一』巻十五　国史叢書　黒川真道編　国史研究会
＊4　＊1に同じ
＊5　『大友豊筑乱記』下　戦記資料　歴史図書社
＊6　＊1に同じ
＊7　＊1に同じ

丹生島城の攻防

「国崩」、島津勢を撃退

前節まで島津軍の豊後侵攻で、島津家久による鶴賀城攻めと戸次川の合戦を述べてきた。家久は鶴賀城攻めのとき、東の臼杵《うすき》方面から大友方の援軍がやってくるのではないかと警戒し、その押さえとして支隊を派遣している。白浜周防守重政と野村備中守文綱を大将に騎馬一五〇騎はじめ、二〇〇〇人ほどの軍勢で進発し、天正十四(一五八六)年十二月五日、臼杵に着陣した(*1)。

臼杵は豊後水道に面しており、臼杵湾を臨む。当時、同湾には臼杵七島が点在し、そのうちの丹生島《にうしま》に城があった。島だったが、干潮になると陸続きになったという。築城したのは豊後国主の大友宗麟(一五三〇～八七)。永禄五(一五六二)年、まだ三十代の若さで出家したのに伴い、府内から臼杵に移り、丹生島に隠居城を築いたのである(*2)。

天正六(一五七八)年、宗麟はキリシタンとなり、ドン・フランシスコという洗礼名を名乗った。それに伴い、丹生島城下にも大聖堂や修道院など、多くのキリスト教の施設が建てられた。まさにキリシタンの聖地といってよかったが、宗麟は在城二十数年にして、島津軍の襲来という予想だにしなかった事態を迎えることになったのである。

島津軍が豊後に侵攻したとき、宗麟は津久見にいたが、急ぎ丹生島城に入って守りを固めようとした。しかし、同城の守りはまったく手薄だった。イエズス会宣教師のルイス・フロイスも同城下の人々が深刻な恐怖に襲われた原因は「城には守備に必要なものが何一つなかったことである」と記しているほどである（＊3）。

臼杵城（旧丹生島城）内にある「国崩」のレプリカ　＝大分県臼杵市

島津勢は大友氏の家臣で内通してきた柴田紹安を道案内として城下に押し寄せた。そして鬨《とき》の声をあげながら、時折城内に向かって鉄炮を撃ち込んだ。

一方、城中からは意外な反撃があった。宗麟が「国崩《くにくずし》」と名づけた西洋式の青銅砲（仏狼機《ふらんき》）による砲撃である。日本では石火矢《いしびや》とも呼ばれた。この大砲は宗麟がポルトガルから輸入し、天正四（一五七六）年夏、肥後国高瀬（現・熊本県玉名市）に着いたのを臼杵

丹生島城（現・臼杵城）

まで運搬してきたものである（＊4）。砲撃の様子を「大友興廃記」から見てみよう（＊5）。

「（島津方の）先陣が平清水口に陣取り、すでに菟《うさ》居《い》嶋《じま》まで詰め寄せ、茂みや物陰に七、八百の軍勢が控えていた。同口に柳の大木があった。先年、南蛮国から渡来した国崩という大きな石火矢が城中にあり、（宗麟が）武宮武蔵守に砲撃を命じた。武蔵は火薬一貫目（約三・七五キロ）を詰め、大玉のほか、四匁、五匁、六匁の小玉を込めた。武蔵は大手口から三町半ほど（約三八〇メートル）をめがけて撃った。砲弾は柳の一の枝から上を打ち折った。大小の玉に当たったり、倒れた柳の下敷きになって、死人はその数を知らなかった」

島津勢は驚いて退却したという説もある（＊6）。それでも、島津勢はしばらく留まり、大友方の古庄丹後入道や葛西周防入道の兵と戦ったものの、敗北を喫した。その後も一進一退の戦いが続いたが、大友方の臼杵鎮尚父子、立花統増、吉弘鎮直らの奮戦により攻めきれなかった(＊7)。

もともと、島津勢は丹生島城攻略をめざしていたのではなく、臼杵方面の監視が目的だったので、臼杵に三日間滞陣しただけで引き揚げ、利光城攻めへと転進した。宗麟にも島津勢を追撃する余力はなかった。

この丹生島城攻防戦は「国崩」の存在によって、世に知られた合戦となった。

＊1　『大友豊筑乱記』下　戦記資料　歴史図書社
＊2　外山幹夫『大友宗麟』第四　人物叢書　吉川弘文館　一九七五年
＊3　『フロイス日本史8』第六八章　中央公論社
＊4　福川一徳「『国崩』伝来考」『古文書研究』一〇号　一九七六年
＊5　「大友興廃記」巻第十八　『大分縣郷土史料集成』戦記篇　垣本言雄校訂　大分縣　郷土史料集成刊行会
＊6　『大友豊筑乱記』下　戦記資料　歴史図書社
＊7　「豊薩軍記」巻之八　『改定史籍集覧七』　近藤瓶城編　近藤活版所

鶴崎城の女城主 妙林尼

――島津勢を翻弄、謀略で撃破

島津氏の豊後侵攻では、大友方の諸将で激しく抗戦した者が少なからずいた。そのなかに女性の城主もいたから面白い。その名を妙林尼《みょうりんに》（妙麟とも）という。一説によると、林左京亮の娘で、名字から林《りん》と名づけたという（＊1）。

夫については諸説あり、吉岡掃部助鑑興《かもんのすけあきおき》とするのが通説のようである（右同書）。異説では鑑興の父宗歓《そうかん》（俗名・長増）の後妻ともいう（＊2）。いずれにせよ、宗歓、鑑興父子はともに大友家の重臣であり、鶴崎城を居城とした。

とりあえず、通説に従えば、夫鑑興は天正六（一五七八）年、大友方が島津方に惨敗を喫した高城合戦（耳川合戦）で戦死した。そのため、彼女は髪をおろして妙林という出家名を名乗ったという。

鶴崎城は別府湾に注ぐ大野川の下流域にあり、大友氏の本拠である豊後府内城の東に位置する要所である。島津方でここに攻め寄せてきたのは家久勢の支隊である伊集院久宣、野村文綱、白浜重政率いる三〇〇〇の軍勢だった。十二月十二日のことである（＊3）。彼

鶴崎城跡　＝大分市南鶴崎

乙津川古戦場跡　＝大分市乙津町

らはこれ以前に、大友宗麟がこもる臼杵の丹生島城に押し寄せたのち、鶴崎に転進してきたのだろう（二〇八頁参照）。

妙林の子である城主の吉岡統増《むねます》が丹生島城にこもっていたため、鶴崎城では留守を守っていた妙林尼が指揮をとった。彼女はあらかじめ島津軍の襲来に備えて防備を固めていた。たとえば、城の塀の裏に板や畳を補強し、堀は角度のある薬研堀にして、菱を植え、柵を設け、その外には諸所に落とし穴を拵えてうまく偽装し、味方が間違って落ちないように、目印に杭や篠《ささ》を打ち込んだ。妙林尼の出で立ちもまた勇ましかった（＊4）。

「妙麟のその日の装束は鎖鉢巻を締め、着込みの上に羽織を着し、長刀《なぎなた》を携えていた。従う侍女に至るまでみな括《くく》り袴に鉢巻し、太刀を佩いたその有様はひとえに勇士に異ならなかった」

いくさが始まると、妙林尼は築地の陰におり、外から逃げ帰ってくる兵士たちを罵倒し、「押し返せ」と励ましたという（＊5）。島津勢は落とし穴に落ちたり、鉄炮の猛射を浴びて多くの死傷者を出した。業を煮やした島津方は吉岡家の譜代家臣たちを通じて、妙林尼に和睦を勧めさせた。彼女ははかりごとだと承知のうえで、あえて乗ってみせた。

開城したのち、妙林尼は島津方の将兵を手厚く接待してその警戒心を解いた。翌天正十五（一五八七）年三月、豊臣秀長の大軍が豊後に押し寄せてくると、島津方はあわてて撤退しはじめた。鶴崎城に居座っていた島津勢も妙林尼たちに別れを告げた。彼女は「大友を裏切ったうえは豊後におれないので薩摩までお供をしたい。あとから追いかけます」と告げた（＊6）。

じつはこれが島津方を油断させるはかりごとだった。退却する島津勢が乙津川のあたりに差しかかったとき、彼女があらかじめ隠しておいた伏兵が襲いかかった。島津方の三人の大将のうち、伊集院久宣と白浜重政がこの退却戦で戦死した（＊7）。敗残の島津勢はほうほうの体で逃げ去ったのである。

妙林尼は「坂額《はんがく》か巴のようで智謀軍術にたくましい」と評されたほどである（＊8）。坂額も巴（巴御前《ともえごぜん》）も鎌倉時代の女勇士。妙林尼のために歴戦の島津方も思わぬ痛手を蒙ったのである。

＊1　「大友興廃記」巻第十八　『大分縣郷土史料集成』戦記篇　垣本言雄校訂　大分縣　郷土史料集成刊行会

＊2　「豊薩軍記」巻之八　『改定史籍集覧七』　近藤瓶城編　近藤活版所

＊3　＊1、＊2と同じ

＊4　＊2と同じ

＊5　＊2と同じ

＊6　＊2に同じ

＊7　『本藩人物誌』巻之一・十　伊集院久宣・白浜重政譜

＊8　＊2と同じ

島津軍の豊後府内占領

――城下焼き尽くし、乱取りも

すでに述べたように、天正十四（一五八六）年十二月十二日、島津家久の軍勢は戸次川《へつぎがわ》の合戦で豊臣軍（大友勢を含む）を破った。

家久勢はその勢いで北上して大友氏の本拠である豊後府内（現・大分市）に迫った。当夜、家久勢は府内を間近に臨む延岡（守岡とも）という古城跡に夜営し、かがり火をたき、鬨《とき》の声をあげつづけて大友方を威嚇した（＊1）。

恐れをなした国主の大友義統《よしむね》は翌十三日、二里ほど西の高崎山城《たかさきやま》（現・大分市高崎）に逃れ、さらに十五日には豊前龍王城まで逃げている。大友氏は府内に本格的な城郭をつくっておらず、南北朝時代から平地に居館を構えていて、大友館と呼ばれていた。島津氏の侵攻を知った義統は大友館では防御力が弱いとみて、その南方にある上原《うえのはる》の高台に城郭を築こうとしたが、普請はほとんど進まず、結局、放棄された（＊2）。

家久勢は十三日に府内に乱入した。家久は大友館の近くにある天台宗寺院の円寿寺（万寿寺とも）に本陣を置いた。その後、大友方からの反撃に備えて大友館を修築して本陣を移

島津家久が一時本陣を置いた大友館跡　＝大分市顕徳町

し、撤退する翌十五年三月まで居所にした（＊3）。

家久勢が府内を占領していた三カ月間、何をしていたか、島津方の史料ではほとんどわからない。豊富な情報を記録しているのは大友宗麟に保護されていたイエズス会の記録である。それには家久勢が府内に乱入したその日、何が起こったかが書かれている（＊4）。

「府内の市《まち》は、その晩、夜通し燃え続けた。こうして府内は壊滅し、豊後では異教徒（仏教）の三寺院を残すのみでほとんどすべてが焼けてしまい、我らの修道院もすべて破壊されたり掠奪されたりした」

家久勢は府内の町を焼き払い、とりわけキリシタンへの憎しみから、その施設のほとんどを焼き、奪い尽くしたのである。同書には、フロイスたち宣教師やキリシタンがほうほうの体で府内から逃れ、キリシタンである田原親盛（宗麟三男）の妙見嶽《みょうけんだけ》城に避難したとある。

家久勢も含めた島津軍の所業は放火や破壊だけではなかった。掠奪も物だけでなく人まで奪った。いわゆる乱取《らんど》りである。イエズス会宣教師のルイス・フロイスは、府内をはじめ豊後国内から婦女子の大群が捕虜となって拉致されているのに、大友方の武将たちが気にもとめず酒宴にふけっていることに怒りを表している（＊5）。

ほかにも、豊後の南郡（大野、直入両郡）では「薩摩勢が実におびただしい数の人質、とりわけ婦人、少年、少女たちを拉致するのが目撃されたことである。これらの人質に対して、彼らは異常なばかりの残虐行為をあえてした」とか、臼杵地方では「婦女子を含めて三千の捕虜を連行したらしい」とも書いている（＊6）。

のちに豊臣秀吉は太守島津義久に対して、島津軍が豊後で乱取りした男女を領国から探し出して帰国させるよう命じているほどである（＊7）。

島津軍は豊後から多数の人々を拉致して人身売買したり、郷里に連れ帰って家内奴隷として使役したりしている。乱取りは島津軍だけではないが、戦争につきものの蛮行だった。島津軍の豊後侵攻にはこのような残虐な面があったことも記憶されるべきだろう。

＊1 『樺山玄佐自記並丁未随筆 樺山紹剣自記』 鹿児島県史料刊行会編 鹿児島県立図書館
＊2 『フロイス日本史8』第六八章 松田毅一・川崎桃太訳 中央公論社
＊3 「豊薩軍記」巻之八 『改定史籍集覧七』 近藤瓶城編 近藤活版所
＊4 ＊2と同じ 第七〇章
＊5 ＊4と同じ
＊6 ＊4と同じ
＊7 『島津家文書之一』三七一号 東京帝国大学編・刊

難攻不落の岡城

――志賀親次の抗戦と義弘の苦戦

大分県竹田市の岡城(別名・豊後竹田城)は以前から一度訪れてみたいと思っていた。念願がかなったのは二〇一四年秋である。

同城で一番見たかったのは、断崖に築かれた高石垣である(写真参照)。石垣じたいも高さが二〇メートルはありそうだった。下をのぞき込めば、目もくらむような谷底である。一説によると、同城は竹田出身の滝廉太郎が「荒城の月」作曲の構想を練った場所だといわれる。城内には彼の銅像も立っていた。

しかし、現実の岡城はそんな風情とは無縁だった。天正十四(一五八六)年冬、島津軍の豊後侵攻が始まると、その最前線になったのである。当時、岡城の城主は志賀《し が》親次《ちかよし》(一五六八?〜?)で、まだ二十歳にもならない若さだった。志賀氏は大友氏の三大庶家のひとつで、重臣筆頭というべき地位にあった。しかし、主家に対する不満から、父親孝《ちかたか》(道益《どうえき》)、祖父親守《ちかもり》(道輝《どうき》)が島津氏の誘いに乗って寝返った(＊1)。それでも、親次だけは主家への忠節を失わなかった。親次が義理の祖父にあたる大友宗麟の影響をうけて、少年時代からキリ

岡城三の丸の高石垣　＝大分県竹田市

スト教に傾倒し、ついに受洗してドン・パウロと名乗ったことも大きい。

一方、岡城に攻め寄せたのは肥後口から豊後に侵攻した島津義弘の軍勢である。義弘は二万五〇〇〇の軍勢のうち、一万五〇〇〇余をみずから率い、十二月二日に岡城を攻めはじめたという（＊2）。

義弘たちは高く聳える岡城の偉容に圧倒された。それは「四方に岩石立ち廻り、蛾々《がが》とそびへて弱《からめ》て（搦手）なし、麓は大河漲《みなぎ》りて渡るべき様更に無く」というありさまで、とても攻める手がかりをつかめそうには見えなかった（＊3）。

義弘が思いついたのが、守りが薄いと思われる搦手を見つけることだった。そのため、義弘の本領である日向真幸院《まさきいん》（現・えびの市）

岡城大手門

出身で、身のこなしが軽い中間《ちゅうげん》が城中に忍び込むことを申し出た。その中間は風雨が激しい深夜、変装して巧みに城中に忍び込むことに成功した。搦手を探していたところ、城兵が百姓には似合わぬ薩摩姿の格好だと見とがめ、追いかけてきた。松明《たいまつ》をかかげてあたりを照らすので、中間は断崖の岩場に隠れてぶら下がったが、不運にも墜落して果ててしまった（＊4）。

その後、義弘は城中に開城を呼びかけた。親次の親戚筋になる入田《にゅうた》宗和（直入《なおいり》郡津賀牟礼城主）と赤星統家《むねいえ》（元・肥後隈府《わいふ》城主）に、義弘の家来の長谷場兵部少輔に三〇〇余騎を添えて交渉にあたらせた。

しかし、親次は開城にあたって城中を掃除したいので猶予がほしいとか、さまざま口実をもうけて時間稼ぎに出たため、義弘もしびれを切らし、二十四日にはついに攻略を断念して陣替えしたという（＊5）。

別の史料によれば、島津方は十二月二日から五日まで猛攻を加えたが、一度も勝利することなく、城方の損害は軽微だったという(*6)。

翌十五年一月十七日、豊臣秀吉は親次に「二十日、三十日の間、(城を)丈夫に守ったことは無二の覚悟と誠忠である」という感状を与えた(*7)。

岡城は島津家きっての勇将義弘をもってしても、まったく太刀打ちできなかった堅城だったのである。

なお、岡城の高石垣は大友氏時代の技術では築造不可能である。文禄年間(一五九二〜九六)に入部した豊臣大名の中川秀成が築いたものである。

*1 渡辺澄夫『増訂 豊後大友氏の研究』第八 第一法規出版 一九八二年
*2 「天正拾四年嶋津豊後江発向之事」『旧記雑録後編二』二〇九号 鹿児島県
*3 『旧記雑録後編二』二〇五号「長谷場越前自記」
*4 *3と同じ
*5 *3と同じ
*6 *2と同じ
*7 「大友家文書録」 竹内理三監修・田北学編『増補訂正 編年大友史料』二七 私家版

豊後国衆の激しい抵抗
――山城に苦戦する義弘勢

二〇一四年秋、大分県を取材で訪れ、大友方の山城を多数見てまわった。その雄大さに驚いたのが玖珠《くす》城（別名・伐株山《きりかぶやま》城、玖珠郡玖珠町）だった。

台形状の単独山塊で標高は六八五メートル。麓との比高差も三五五メートルもある（「日本城郭大系」一六）。間近で見上げると、その迫力は一段と増した。

この巨大な山城には中島美濃守を大将に一族郎党六〇〇人、さらに近在の支城である岐部城からの合流も含めて一〇〇〇人ほどが籠城していた。ここを攻めた島津義弘勢の苦難は察するに余りあるが、城中から内応者が出て放火したために落城している（＊1）。

天正十四（一五八六）年十月から始まった島津軍の豊後侵攻は攻城戦で苦戦を強いられるケースが多いように感じられる。前回紹介した岡城（城主・志賀親次《ちかよし》）攻めや、豊後東部海部《あま》郡の栂牟礼《とがむれ》城（現・佐伯市）もそうである。栂牟礼城は佐伯惟定が城主で、島津軍（家久勢の一部か）の攻撃に対して、街道ごとの支城でそれを巧みに撃退し、とくに十二月四日、堅田の合戦で島津軍を破った。その後も本拠の栂牟礼城に指一本触れさせなかった（＊2）。

島津義弘に攻められた玖珠城　＝大分県玖珠町

翌十五年一月三日、惟定は豊臣秀吉から「その城堅固に相抱えるの由、尤《もっと》も神妙の至りに候」という感状を与えられている（＊3）。

島津軍のうち、城攻めで苦戦したのは家久勢よりも義弘勢である。肥後口から三万余人の大軍を率いて侵攻した義弘勢は直入《なおいり》・玖珠・大分三郡の攻略を担当した。緒戦で直入郡の高城（標高七五〇メートル）の水の手を絶って攻略した。幸先がよいと思われたが、それから苦戦の連続となる。

右の三郡にある山城のうち、義弘勢に攻略された城にはいくつかの共通点がある。小規模な城や支城が多いのと、城中からの内通者がいて手引きや放火が落城につながっている。右で見た玖珠城もそうだが、同じく玖珠郡の野上城、直入郡の南山城、高城、大分郡

島津勢を撃退した角牟礼城跡　＝大分県玖珠町

の船ヶ尾城なども内通者のために攻略されている。

逆に、義弘勢の猛攻をしのいで落城しなかった城もある。その要因は、①本城から援軍があったこと（直入郡の菅迫城）、②島津方の城中に対する情報不足（直入郡の松牟礼城）、③城兵の士気が高く、城外戦も含めて多彩な戦術を駆使したこと（玖珠郡の角牟礼《つのむれ》城、日出生《ひじゅう》城）などがあげられる。これらの山城は標高が五〇〇メートル前後かそれ以上と高く、麓からの比高差も一五〇メートル以上と大きいことが共通している（＊4）。

このうち、日出生城（別名・山の城）の攻防を紹介する。同城の城主は帆足鑑直《ほあしあきなお》で、城兵はわずか五〇〇人ほどだった。その妻は「帆足の鬼御前」の異名をとった。身の丈五尺八寸（約一七五センチ）で「姿色《ししょく》端麗にして容貌威儀あり。弓馬刀法に達して大剛の女也」という女傑だった（＊5）。

一方、島津方は伊集院忠棟《ただむね》（島津家老中筆頭）率いる六〇〇〇人。守りが堅いので遠巻にしていたところ、十一月十三日、鑑直父子が三〇〇人を二手に分けてひそかに城外に出て奇襲した。まさか小勢の城方が打って出ることなど予想していなかった島津方は大敗を喫したという（＊6）。

豊後国衆が義弘勢に激しく抵抗したのは、主家の大友氏への忠節よりも、郷里を守り抜こうという思いが強かったからだといえるかもしれない。

＊1　『玖珠郡史』　玖珠郡史編集委員会 編　玖珠町　一九六五年
＊2　「両豊記」巻之十八　『大分縣郷土史料集成』戦記篇　大分縣郷土史料集成刊行会
＊3　「大友家文書録」　竹内理三監修・田北学編『増補訂正 編年大友史料』二七　私家版
＊4　『日本城郭大系』一六 大分・宮崎・愛媛　平井聖ほか編　新人物往来社　一九八〇年
＊5　「山の城合戦之記」『大分縣郷土史料集成』戦記篇　大分縣郷土史料集成刊行会
＊6　＊5と同じ

第三章　島津氏と豊臣政権

平佐城の攻防戦

——桂忠昉、秀吉に意地示す

第一章で平佐《ひらさ》領主の北郷三久《ほんごうみつひさ》を紹介したが、のちに三久の居城となった平佐城（現・薩摩川内市平佐）は豊臣秀吉との最後の戦いになった古戦場でもある。

天正十五（一五八七）年三月、豊臣軍二〇万の大軍は九州の東西二手に分かれて怒濤の勢いで南下した。東では四月十七日、島津方は日向高城《たかじょう》を包囲している豊臣秀長軍に根白坂で決戦を挑んだが、敗北を喫した。これを機に太守島津義久は降伏を決意する。

一方、西では秀吉みずから一〇万の大軍を率い、敗走する肥後駐屯の島津勢を追撃しながら、その先手は四月下旬、肥薩国境を越えた。国境の要衝出水を領する薩州家の島津忠辰《ただとき》が戦わずして降伏したため、秀吉軍はさらに南下して川内に入った。五月三日、秀吉は泰平寺（薩摩川内市大小路町）に本陣を構えた（＊1）。

次々と開城する島津勢のなかで、唯一、秀吉に一矢報おうとしたのが平佐地頭の桂忠昉《ただあき》（神祇祐《じんぎのすけ》、のち忠詮、一五五八〜一六一五年）だった。当年三十歳の青年武将である。忠昉は二十三日に平佐に戻ると、鹿児島の義久たちの動向が不明ななかで、「一戦を遂げずして下城せん事口惜しき次第也」と城の防備を固め、豊臣軍を迎え撃とうとしていた（＊2）。

平佐城に立てこもったのは、八十余人の武士と雑兵合わせてわずか三〇〇人ほどだったという（＊3）。そのなかには近隣の開聞寺《かいもんじ》の住持とその信徒や百姓たちも含まれていた。また入来を領する入来院重時が加勢の人数を送っている（＊4）。

寄せ手は秀吉の譜代衆だった。小西行長、加藤嘉明《よしあきら》、脇坂安治、九鬼嘉隆《くきよしたか》など水軍の将たちで総勢七〇〇〇人と城方の二十倍だった（＊5）。豊臣軍は武器や装備に優れており、

平佐城跡の石碑　＝薩摩川内市・平佐西小学校

平佐城の天然の要害である大河の川内川に船橋を架けて通行を容易にした。小西たちはおそらく海路から川内川に入り、船橋普請をしながら上陸して平佐城に攻め寄せたものと思われる。

四月二十八日、寄せ手が城に近い開聞寺を焼き払ったのをきっかけに、藤崎の西口あ

たりで両軍は開戦した。寄せ手は鉄砲の猛射を浴びせてきた。平佐城の持ち口は一番から五番まであった(*6)。

忠防は大手口を守り、搦手口は夫人(上井覚兼の妹)が固めたという。とくに夫人の活躍は際立っていた。彼女は卯花威《うのはなおどし》で胴に日の丸の朱紋を描いた鎧を着し、女性たちに粥を煮させてそれぞれの持ち口の人数に運ばせた。そして敵の攻撃が激しくなると、箕《み》に入れた灰を振り出すという予想外の作戦に出たので、寄せ手は目が眩んでたじろぐところを弓、鉄砲で射て防いだという(*7)。

忠防は大手の前から北方が沼田になっているのを利用して一面に水を入れて池としたうえで、池に白砂をまき散らして道づくりをし、いかにも平地であるように偽装した。城に近づいた寄せ手がそれにだまされて沼にはまり身動きできないところを城中から打って出て多数討ち取ったという(*8)。

そこへ鹿児島の太守義久から休戦命令が届いたため、忠防はしかたなく開城を決断する。攻防はこの日だけで、辰の刻(午前八時)から申の下刻(午後四時)までだったが、非常な激戦だった。城方は二十余人、寄せ手は三百余人が戦死したという(*9)。

秀吉は出仕してきた忠防を「籠城堅固」と褒め称え、褒美として脇差一腰を与えた(*10)。激戦が展開された平佐城跡の中心部は現在、平佐西小学校になっている。

＊1 「九州御動座記」 清水紘一『織豊政権とキリシタン―日欧交渉の起源と展開―』岩田書院 二〇〇一年
＊2 「勝部兵右衛門聞書」『旧記雑録後編二』二七〇号 鹿児島県
＊3 『本藩人物誌』桂忠詮譜
＊4 「桂氏一流」『旧記雑録 諸氏系譜三』
＊5 ＊3に同じ
＊6 『旧記雑録後編二』二八八号「平佐城責之事」
＊7 「桂家文書」四「桂神祇平佐城防戦之事」『旧記雑録拾遺 家わけ十一』
＊8 ＊7と同じ
＊9 ＊3と同じ
＊10 ＊7と同じ

豊臣秀吉の最南限地はどこか
――川内と鹿児島の両説併存

前節で天正十五（一五八七）年の島津方と豊臣方の最後の戦いとなった平佐城の攻防戦を紹介した。

この戦いの直後、関白豊臣秀吉が川内に入り、五月三日、泰平寺《たいへいじ》（現・薩摩川内市大小路町）に本陣を置いた。そして八日に太守島津義久が老臣たちを引き連れて同寺を訪れ、黒衣の出家姿で秀吉と対面し、正式に降伏した（＊1）。

さて、その後の秀吉の足跡はどうだったのだろうか。というのも、秀吉は天下統一のため、日本列島を北から南まで縦断しており、薩摩の地はその最南限にあたるからである。

まず北限の地は天正十八（一五九〇）年八月、小田原城を降伏させたのち、奥州仕置のため、会津（会津黒川城）に入ったときである（＊2）。

南限の地はむろん薩摩である。秀吉の側近か右筆《ゆうひつ》が書いたと思われる「九州御動座記」によれば、秀吉は右の泰平寺から十八日に平佐に移り、二十日には宮之城方面の山崎に向かっている（＊3）。このことから、川内が南限というのが通説になっている。

泰平寺の和睦石　＝薩摩川内市

一方、秀吉が鹿児島まで南下し、島津氏の居館である内城《うちじろ》（現・鹿児島市大龍小学校）に入ったという説も古くからあった（＊4）。その最大の根拠になっているのは、秀吉が奥向きの老女「こほ」にあてた消息文《しょうそこぶみ》（五月九日付）である。それには「二、三日中に鹿児島へ行き、国の仕置を申し付け、二十四日、五日ころには筑前国博多へ行く」と書かれている（＊5）。

それを補強するような軍記物もある。秀吉の伝記「川角太閤記《かわずみたいこうき》」には、降伏した義久に対して、「その方（義久）の居城加古島（鹿児島）をひと通りご見物なさるべしとの御意なり。さらば、汝《なんじ》（義久）はお先に罷り帰り、ご馳走申し上げ候へとの御意なり」とあり、秀吉は義久に鹿児島行きを告げている。

つづけて「上様（秀吉）、それよりご人数

島津氏居館内城跡　＝鹿児島市大龍小学校

一万ばかりにて加古島へ御座なされ候。加古島までの道々の様子、絵図にお書かせなされ、右の千だい川（川内川）より加古島までの道すがら、よくよくご念を入れられ、お通りなされ候」とある。秀吉は鹿児島に行き、義久の居城（内城）に入り、しばらく滞在して島津領を視察するつもりだったというのである（＊6）。

鹿児島説が成立するかもしれないのは、義久が降伏した八日から秀吉が平佐に移った十八日までの十日間が史料上の空白になっており、秀吉の足跡が不明なことである。その間、川内と鹿児島を往復するのは十分可能だから、南限の地が鹿児島だとする説も成立する余地はある。

これに対して、地元の研究者である吉本明

弘氏（川内歴史資料館学芸員）は「九州御動座記」を重視すべきだとして、鹿児島南限説を否定している（＊7）。吉本氏の説が妥当ではないか。もし秀吉が鹿児島入りしたならば、島津方はその出迎えや接待に大変な労力や気遣いがあったはずだから、両陣営に何らかの形で史料に残ると思われるが、何も見出せないからである。

　秀吉の最南限の地はやはり川内ではないだろうか。

＊1　「九州御動座記」　清水紘一『織豊政権とキリシタン―日欧交渉の起源と展開―』岩田書院　二〇〇一年
＊2　『島津家文書之二』三五七号　東京帝国大学編・刊
＊3　＊1と同じ
＊4　林屋辰三郎『日本の歴史12　天下一統』中公文庫　一九七四年
＊5　桑田忠親『太閤書信』五八　東洋書院　一九九一年
＊6　「川角太閤記」三・下　『太閤史料集』戦国史料叢書1　人物往来社
＊7　吉本明広「豊臣秀吉・関白軍の川内侵攻」『千台』第四〇記念号　二〇一二年

再考・豊臣秀吉の最南限地

——従軍者が伊集院説を記す

前節で「豊臣秀吉の最南限地はどこか」というテーマで、川内と鹿児島の両説が併存していることを紹介した。その後、別の説が書かれた新たな史料が発掘されたので、議論をさらに補足してみたい。

川内説は秀吉に随行した右筆《ゆうひつ》（書記）の記録「九州御動座記」に基づく。それによれば、天正十五（一五八七）年五月三日、川内の泰平寺に本陣を置いた秀吉は八日に剃髪、墨衣姿で降伏した島津義久と会見している。それから十八日に平佐（現・薩摩川内市）を出発して宮之城方面に向かうまで、特段の記事がないことから、泰平寺や平佐一帯から移動しなかったと考えられる（＊1）。

一方、鹿児島説は主に二点の史料がある。

①秀吉が五月九日、泰平寺で奥向きの女房こほにあてた消息文《しょうそこぶみ》で、「二、三日中に鹿児島へ行き、国の仕置を申しつける」と書いている（＊2）。

②秀吉の伝記「川角太閤記」三・下に「上様（秀吉）、夫《それ》より御人数一万計りにて加古島

伊集院にある島津義久生母の菩提寺・雪窓院跡　＝日置市伊集院町

（鹿児島）へ御座なされ候。（中略）則ち、島津家城へ御着きなされ、能々《よくよく》御《お》見《み》及《およ》び」云々とある。

これらから、秀吉は鹿児島まで南下し、島津氏の居館である内城《うちじろ》（現・鹿児島市大竜町大龍小学校付近）に入ったと解釈されている。

両説とも弱点がある。川内説は「九州御動座記」が同時代の確実な史料であるものの、義久引見から平佐進発まで十日以上も空白で記事がないことである。鹿児島説も「川角太閤記」が二次的な軍記物で信頼性に欠けている。また秀吉の消息文は確実な一次史料だが、該当箇所はあくまで予定を記したもので、必ずしも実行に移されたとは限らないとも解釈できる。

このように両説とも決定打とはいえず、こ

の問題はなかなか結論が出そうもない研究状況にある。

ところで、最近、両説とは異なる史料を見出した。あえていえば、伊集院説である。

織豊時代の研究者竹井英文氏が「史料紹介　館山市立博物館所蔵「里見吉政戦功覚書」の紹介と検討」を書いている（＊3）。

それによれば、里見吉政は天文二十（一五五一）年前後に生まれ、元和九（一六二三）年からしばらくは健在で長寿だったことがわかる。吉政は上野国里見郷（現・群馬県高崎市）を本国とする武士で、北条氏や滝川一益などに仕えたのち、一時上方で浪人となり、秀吉の九州攻めに従軍したという。同覚書では筑前、筑後、肥後を経てからの秀吉の進路を次のように記している。

「其れより薩摩の内にていしういん（伊集院）と申す所へ御馬をよせられ、嶋津居城まで三里御座候、其れより大すみ（隅）の国へ御押し、大すみ（隅）相済み申し候間、其れより山中道違え候て、又肥後之国へ御帰陣なされ候」

薩摩に入り、伊集院まで進出し、それから大隅国に押しだそうとしたが、（弟秀長により）おおかた片づいていたので、それから山中に入って道を違えたものの、肥後国に帰陣したという。道を違えたというのは、島津歳久の計略で九尾越の難所を通過させられたことを指すのかもしれない（次節参照）。

たしかに秀吉が伊集院まで南下したと読める。では、これが決定打かといえば、そうとはいえない。まず伊集院から大隅に押し出したと読めないこともない。また「九州御動座記」とくらべると、秀吉の行軍ルートが大ざっぱであること。さらにいえば、九州陣から三十年以上たった晩年に書かれているのも、史料の信頼性のうえでは弱点である。

いずれにせよ、この新史料により、秀吉の最南限地は三説が併存することになり、さらなる新史料の発掘が待たれる。

＊1　「九州御動座記」　清水紘一『織豊政権とキリシタン―日欧交渉の起源と展開―』　岩田書院　二〇〇一年

＊2　桑田忠親『太閤書信』五八　東洋書院　一九九一年

＊3　千葉大学『人文研究』第四三号、二〇一四年

秀吉の撤退ルート・上

――島津歳久、秀吉を襲撃か

前々節（一三四〜一三五頁）で、天正十五（一五八七）年五月、川内まで侵攻してきた豊臣秀吉が鹿児島まで南下しないで、博多に引き返したのではないかと書いた。

そのことと関わりがあると思われるのが、じつは豊臣軍が兵糧不足に苦しんでおり、鹿児島まで進出する余力がなかったのではないかという疑いである。豊臣軍は東九州方面の弟秀長軍が一〇万、西九州の秀吉軍が一〇万、計二〇万の大軍だったから、兵糧調達は大変だったはずである。

たとえば、「川角太閤記」によると、日向に入った秀長軍では「兵粮米《ひょうろう》がつづかなくて、将兵の上下が四日ばかり餓《かつ》えた」ので、ところ（野老、ヤマイモ科の植物）、山の芋、竹の子などで飢えをしのいだとある（＊1）。

秀吉軍にしても、降伏してきた島津義久に対して、秀吉が「日本に馬鹿二人これあり」と自分と義久をあげた。その理由として「（秀吉が）遠国まで大軍で地の利のない敵国に来たのは不覚だった。もう少しいくさが長引けば、兵粮が尽きて生きて帰れなかっただろう」

と述べたという（＊2）。

また秀吉軍が撤退に移ってからも同様だったようである。義久が降伏から五年後、志布志の大慈寺《だいじじ》住持にあてた書状で、秀吉の撤退時の様子について「太閤様その表（宮之城方面）お通りの砌《みぎり》、御粮《ごろう》迫し候か」と述べ、兵糧不足だったのではと推測している（＊3）。

島津歳久の居城・虎居城　＝さつま町城之口

さて、秀吉は川内からどのようなルートを通って撤退したのだろうか。秀吉の右筆が書いた「九州御動座記」によれば、五月二十日、平佐（現・薩摩川内市平佐町）を発した秀吉はその日のうちに山崎（現・薩摩郡さつま町山崎）に達した。おそらく山崎城に入ったのだろう。雨のため一日滞在し、翌二十二日、鶴田方面に向かう（＊4）。

じつはこの間、秀吉は当地を領する島津歳久（義久の三弟、一五三七～九二年）の拒絶と抗戦姿勢に手を焼いていた。秀吉が平佐出発前日の十九日、義久の老中伊集院幸侃や側近の石田三成などにあてた朱印

九尾越え（奥の山並み）＝さつま町

状には、大口方面への陣替えにあたり、その途中にある「花道院《けどういん》」（＝祁答院）こと歳久の居城への宿泊を義久を通じて命じたところ、歳久が宿泊を断ってきたのは「曲事《くせごと》」（けしからぬこと）だと怒っているほどだった（＊5）。

山崎城に入った秀吉は虎居《とらい》城にこもっている歳久の様子を探らせるために、五十二騎の馬廻《うままわり》を派遣したところ、諏訪原という所で歳久方の兵に急襲され、牛之渡で六騎が討たれてしまったという（＊6）。

歳久は虎居城への宿泊を拒否したかわりに、秀吉に使者を送り、道案内を申し出た。それが人馬の往来も困難な九尾《ここのお》越えの険路だった。地理不案内な秀吉軍は山中を行軍させられることになった。このとき、大口領主の新納忠元の命により、本田四郎左衛門尉が九尾の難所で待ち伏せし、秀吉の輿《こし》に矢を六筋射かけた。幸いそれは空輿で、秀吉は後陣にいたので無事だったという（＊7）。

なお、本田の狙撃について、義久は右の大慈寺住持あての書状で、矢を射かけるよう命じたのは歳久だったとしている。その後、歳久が竜ヶ水で最期を迎えるとき、本田も殉じていることから歳久の家来だったことがわかる（＊8）。義久の観測があたっているだろう。秀吉の撤退はまだ道半ばだった。

＊1　「川角太閤記」三・下　『太閤史料集』戦国史料叢書1　人物往来社
＊2　「薩藩旧伝集」巻ノ一　『新薩藩叢書一』　歴史図書社
＊3　『旧記雑録後編二』九三七号
＊4　「九州御動座記」　清水紘一『織豊政権とキリシタン―日欧交渉の起源と展開―』　岩田書院　二〇〇一年
＊5　＊3三二一号
＊6　＊3九二四号
＊7　「本藩人物誌」本田四郎左衛門尉譜　鹿児島県史料集XIII　鹿児島県史料刊行委員会編　鹿児島県立図書館
＊8　＊7と同じ

秀吉の撤退ルート・下

義弘・忠元も秀吉に降伏

前節で述べたように、天正十五（一五八七）年五月、豊臣秀吉は島津義久の弟歳久の抵抗に手を焼きながらも、九尾《ここのお》の難所を越えて、二十二日、鶴田に着陣した。

この地に秀吉の本陣となった太閤陣（別名・鳶ノ巣《とびのす》陣）と呼ばれる史跡がある。新東晃一氏（南九州考古学研究所）らによって調査が進められた結果、曲輪《くるわ》、土塁、堀切などの遺構が検出され、大規模な陣城《じんじろ》だったことが判明しつつある。

鶴田で秀吉に降伏したのが島津義弘（日向飯野城主）と同久保《ひさやす》の親子、それと義弘の従弟島津以久《ゆきひさ》（大隅清水《きよみず》城主）である。義弘は五月初めに日向高城から飯野に戻り、秀吉への拝謁を願い出、日向口で豊臣方を防いでいたので出仕が延引したと秀吉に釈明している（＊1）。

秀吉は出仕した義弘に大隅国を、そのうちの肝付《きもつき》一郡を老中の伊集院幸侃《こうかん》に与えることにした。さらに久保には義弘の飯野城と日向真幸院を与えるとともに、人質として上京を命じた。以久もまた本領を安堵された（＊2）。

島津義弘が降伏した太閤陣　＝薩摩郡さつま町

　このときの秀吉との会見が、義弘の豊臣大名としての出発点となった。もっとも、おとなしく帰順したかに見えた義弘だが、一時は秀吉への抗戦姿勢を維持していた節がある。義弘は飯野に戻るや、次弟の歳久と「籠城の手配」を打ち合わせるとともに、入来院（入来）は「要嶮《ようけん》」なので、従弟の以久をこもらせ、真幸院と菱刈は秀吉の撤退路にあたっているから守りを固め、飯野には庄内の北郷時久の加勢を頼もうと考えていたようである（＊3）。それが一転して帰順となったのは、五月八日に兄の太守義久が出家して秀吉に降伏したことを知ったからだろう。

　さらに秀吉は北上し、曽木（現・伊佐市）まで進出した。大口の地頭は新納忠元だっ

新納忠元が降伏した天堂ヶ尾・関白陣　＝伊佐市

た。忠元はその官名の武蔵守から「親指武蔵」の異名をとった。島津家中で武勇の者をあげるとき、真っ先に忠元が指折られるからである（＊4）。

忠元はなおも抗戦の姿勢を示した。そのため、伊集院幸侃が秀吉の使者石田三成と同行して大口城に向かい、説得しようとしたが、忠元は鉄炮を撃ちかけて応じなかった。二十六日、秀吉も曽木の天堂ヶ尾《てんどうがお》（関白陣）に着陣した。義久と義弘はそれぞれ使者を忠元に送り、「すでに人質を差し出したうえは、これ以上いくさをつづければ、秀吉が島津家を敵とみなすことになり、和睦が取り消される」と説得したため、ついに忠元も折れた。大口の成就寺で剃髪して拙斎《せっさい》と名乗り、天堂が尾の秀吉の本陣に出仕した。

秀吉は忠元の不敵さに大いに関心を示し、「武蔵、武蔵。このうえもわしの敵になるか」と問うと、忠元は「主人義久さえ思い立ちさえすれば、幾度でもお相手仕ります」と臆せずに答えた。また秀吉がたわむれに「鼻のあたりに松虫ぞ鳴く」と発句《ほっく》したところ、忠元が「上ひげをちんちろりんとひねりあげ」と応じたのも有名な逸話である（＊5）。

忠元の帰順により島津氏の抵抗は止み、秀吉は大口から人吉に撤退していった。

＊1　「九州御動座記」　清水紘一『織豊政権とキリシタン—日欧交渉の起源と展開—』　岩田書院　二〇〇一年
＊2　『島津家文書之一』三七八・三七九号　東京帝国大学編・刊
＊3　「新納忠元勲功記」『旧記雑録後編二』四一三号　鹿児島県
＊4　「薩藩旧伝集」巻ノ一　『新薩藩叢書一』　歴史図書社
＊5　＊4と同じ

黒田官兵衛と島津氏・上

——根白坂で島津勢を撃退

二〇一四年の大河ドラマは「軍師官兵衛」だった。主人公の黒田官兵衛（一五四六〜一六〇四、孝高《よしたか》、如水《じょすい》）は島津氏とあまり縁がないと思われがちだが、決してそうではない。重要な場面で両者は激しく交差しているのである。

両者の本格的な接触は天正十五（一五八七）年、豊臣秀吉の九州攻めのときである。官兵衛は豊臣軍の先陣として北九州に乗り込み、豊前や豊後の国衆から人質を集めながら、軍《いくさ》目付《めつけ》として毛利軍などを監督する立場にあった。

一方、島津方は島津家久（四兄弟の末弟）が前年暮れに仙石秀久と四国勢から成る豊臣軍を撃破したのち、大友氏の居城だった豊後府内（現・大分市）を占領した。肥後口の総大将だった島津義弘は九重連山《くじゅうれんざん》に近い野上城（現・大分県玖珠郡九重町）に本陣を置いていた（＊1）。島津方は府内と野上城を結ぶ線で豊臣軍を迎撃するつもりだったと思われる。

しかし、官兵衛はそうした島津方の思惑をたちまち打ち砕くのである。秀吉はこれに先立ち、官兵衛に次のように命じていた（＊2）。

「野上表へ中納言（豊臣秀長）が着陣次第、小早川隆景と相談して、毛利勢や宇喜多秀家に砦や山の要害を築かせ、少しも落ち度がないように堅く命じ、薩摩の奴原《やつばら》が撤退できないように引き留めておくように」

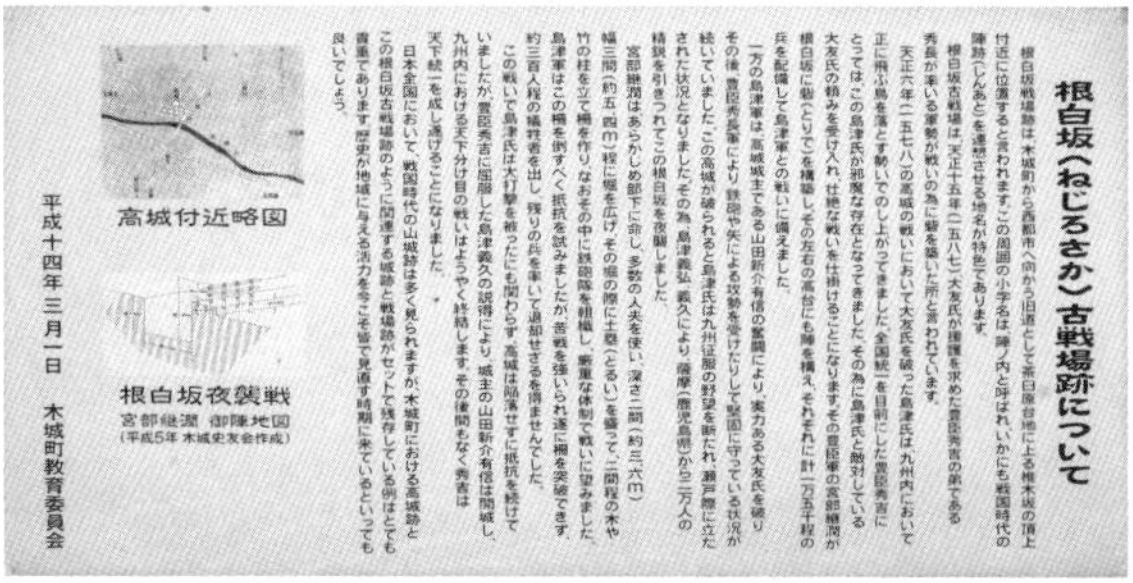
根白坂（ねじろさか）古戦場跡について

根白坂戦場跡は、木城町から西都市へ向かう旧道として茶臼原台地に上る根木坂の頂上付近に位置すると言われます。この周囲の小字名は、陣ノ内と呼ばれ、いかにも戦国時代の陣跡（じんあと）を連想させる地名が特色であります。

根白坂古戦場は、天正十五年（一五八七）大友氏が援護を求めた豊臣秀吉の弟である秀長が率いる軍勢が戦いの為に砦を築いた所と言われています。

天正六年（一五七八）の高城の戦いにおいて大友氏を破った島津氏は、九州内において正に飛ぶ鳥を落とす勢いでのし上がってきました。全国統一を目前にした豊臣秀吉にとっては、この島津氏が邪魔な存在となってきました。その為に島津氏と敵対している大友氏の頼みを受け入れ、壮絶な戦いを仕掛けることになります。その豊臣軍の宮部継潤が根白坂に砦（とりで）を構築し、その左右の高台にも陣を構え、それぞれに計一万五千程の兵を配備して島津軍との戦いに備えました。

一方の島津軍は、高城城主である山田新介有信の奮闘により、実力ある大友氏を破りその後、豊臣秀長軍により、鉄砲や矢による攻勢を受けたりして堅固に守っている状況が続いていました。この高城が破られると島津氏は九州征服の野望を断たれ、瀬戸際に立たされた状況となりました。その為、島津義弘、義久により、薩摩（鹿児島県）から二万人の精鋭を引きつれてこの根白坂を夜襲しました。

宮部継潤はあらかじめ部下に命じ、多数の人夫を使い、深さ二間（約三.六m）幅三間（約五.四m）程に堀を広げ、その堀の際に土塁（とるい）を盛って、二間程の木や竹の柱を立て柵を作り、なおその中に鉄砲隊を組織し、厳重な体制で戦いに望みました。島津軍はこの柵を倒すべく抵抗を試みましたが、苦戦を強いられ遂に柵を突破できず、約三百人程の犠牲者を出し、残りの兵を率いて退却せざるを得ませんでした。

この戦いで島津氏は大打撃を被ったにも関わらず、高城は陥落せずに抵抗を続けていましたが、豊臣秀吉に屈服した島津義久の説得により、城主の山田新介有信は開城し、九州内における天下分け目の戦いはようやく終結します。その後間もなく秀吉は天下統一を成し遂げることになりました。

日本全国において、戦国時代の山城跡は多く見られますが、木城町における高城跡とこの根白坂古戦場跡のように関連する城跡と戦場跡がセットで残存している例はとても貴重であります。歴史が地域に与える活力を今こそ皆で見直す時期に来ているといっても良いでしょう。

平成十四年三月一日　木城町教育委員会

根白坂古戦場跡の解説版　＝宮崎県木城町

秀吉は官兵衛たちに弟秀長の着陣を待って、義弘が在城する野上城を包囲して退却できないよう命じていた。官兵衛はその命に従い、急進して湯之嶽《ゆのたけ》に進出した（＊3）。湯之嶽は湯布院温泉の近くの由布岳ではないかと思われる。黒田勢の出現によって、周辺の国衆たちもたちまち豊臣側に寝返った。

これに驚いたのは義弘である。湯之嶽は野上と府内を結ぶ線のちょうど中間に位置する。想定していた迎撃ラインが早くも破れたからである。三月十二日、義弘は急ぎ兵をまとめて府内に転進、家久と合流した。兄弟は談合のうえ、これ以上豊後を支えきれないと判断、撤退を決めた（＊4）。官兵衛の迅速な進軍と、島津方の逃げ足の早さにより、豊後はあっという間に豊臣軍に制圧されたのである。

根白坂　＝宮崎県木城町

次の激突の舞台は日向高城《たかじょう》（現・宮崎県木城町）だった。同城は同六（一五七八）年、大友宗麟の大軍を撃破した、島津方には縁起のよい城である。ここに山田有信（昌厳の父）がふたたびこもった。四月六日、この城を秀長率いる十万の豊臣軍が包囲した。

官兵衛は島津軍主力が高城救援に駆けつけることを予測し、みずからその迎撃を担当、高城南方の要所、根白坂《ねじろざか》に陣城を築いた。僚将は宮部継潤・蜂須賀家政などで、兵は一五〇〇〇だった。

四月十七日、二万の島津軍は根白坂に夜討ちを仕掛けた。この陣城を突破すれば、豊臣軍は総崩れになるという読みだった。しかし、官兵衛はこの陣城を堅固に固めて待ち受けていた。「勝部兵右衛門聞書」にも「諸陣からよき兵を選りすぐってこもらせ、普請も垣楯《かいだて》（塀や柵）も丈夫で、堅固な剛陣」だとあった（＊5）。

島津方は島津忠隣《ただちか》（歳久の養子）や北郷《ほんごう》一雲《いちうん》勢が猛攻して、柵を二、三十間（約三六〜五四メートル）を引き破って突入した。陣城の守りもあわやというとき、豊臣方が反撃に出た（＊6）。「敵（豊臣方）は数千丁の鉄砲を揃え、雨あられのように島津方を射伏《いふ》せた」

この猛射により、忠隣をはじめ多数の戦死者が出て島津方は敗北する。この鉄砲戦術はおそらく官兵衛が仕組んだものだろう。島津方の相次ぐ豊後、日向失陥は官兵衛の策略にしてやられたといえそうである。

＊1　『旧記雑録後編二』二三二号
＊2　『黒田家文書一』八〇号　福岡市博物館編・刊
＊3　＊1二四八号
＊4　『旧記雑録後編二』二四四号「長谷場越前自記」
＊5　『旧記雑録後編二』二六八号「勝部兵右衛門聞書」
＊6　＊5と同じ

黒田官兵衛と島津氏・中

豊後で海戦、日向で攻勢

黒田官兵衛と島津氏の戦いは関ヶ原合戦でもつづいた。官兵衛自身は関ヶ原に出陣しないで、息子の長政を送り出した。そして徳川家康と気脈を通じると、豊前中津城に牢人などを集め、慶長五(一六〇〇)年九月九日に挙兵、隣国の豊後へ侵攻した。

豊後では旧国主で豊臣秀吉に改易された大友吉統《よしむね》が復活を図った。十三日、官兵衛は石垣原《いしがきばる》(現・大分県別府市)で大友勢と戦って、これを破る。その後、国東《くにさき》半島に軍を進め、石田三成と縁が深い熊谷直盛の安岐《あき》城や垣見一直《かきみかずなお》の富来《とみく》城を攻めた。

ちょうど富来城を囲んでいた九月二十七日、関ヶ原から帰る島津義弘の船団が国東半島沖を通過したのである。深夜だったため、そのうちの三艘が進路を見失い、半島の南の付け根にある守江湾(現・大分県杵築市守江)に迷い込んだ。なお、島津方の史料には「森江の湊」とか「森江の浜」とある(*1)。

同湾の周辺には黒田水軍が海上警固にあたっていた。水軍の中心は瀬戸内の海賊衆として知られた三島《さんとう》村上水軍のうちの能島《のじま》衆だった。官兵衛は彼らに上方から西軍の船が通過

杵築城から見た守江湾　＝大分県杵築市

したら捕捉するよう命じていた（＊2）。

島津方の三艘のうち、一艘は義弘夫人広瀬氏（実窓《じっそう》夫人）が乗船していた。残りの二艘は鹿児島方（島津忠恒）と帖佐方（義弘）の台所船だった。台所船とは大名や奥方の家財、調度などを積んだ船のこと。

三艘は黒田水軍の哨戒に気づかれ、番船十二艘に追われた。三艘のうち実際に戦ったのは二艘である。残りの一艘に義弘夫人が乗船していたので、二艘がその脱出を掩護するために戦ったのではないかと思われる。

二艘はお互いに舫《もや》って黒田水軍を迎え撃った。大型船のうえ弓、鉄砲を撃ちかけたので、はじめ黒田水軍を苦しめたが、多勢に無勢。十時間近い海戦で、島津方は三十八人が戦死した。水夫《かこ》と女性たちがわずかに生き残り捕虜になった。一方、黒田水軍も死傷者あわせて百人近くにのぼった（＊3）。

ほとんど知られていない海戦である。官兵衛はこの海戦に参加していないが、二か月後、捕虜を島津方に返還する旨の書状を義弘に送っている（＊4）。

関ヶ原合戦で西軍が敗北したので、九州では官兵衛が主導する東軍が優勢になった。官兵衛は唯一、抗戦姿勢を示している島津氏に日向口と肥後口の双方から圧力をかけた。

日向口では飫肥の伊東氏が旧領回復を企て、病床の当主祐兵《すけたか》に代わり、家老の稲津掃部《いなづかもん》が官兵衛と結んで、島津方へ攻勢をかけた。官兵衛は家臣二名を検使役として伊東方に派遣するとともに、稲津らにあてた書状（九月二十八日付）で次のように命じた（＊5）。

「一、ご合戦は、まず宮崎の城をお取りになるべきです。その次に佐土原を攻められて受け取り、右の宮崎城を丈夫に維持し、それが成り次第、島津方へ攻撃をかけるべきです」

稲津らは官兵衛の命に従い、兵三〇〇〇で宮崎城を攻略した。ちょうどその頃、義弘主従は関ヶ原からの退き口の途中で、宮崎城が落ちた十月一日、戦死した甥島津豊久の佐土原城に入っていた。その近郊ではすでに伊東勢が攻めてくるという噂が流れ、農民たちは牛馬に家財を積んで避難しようとするなど混乱を来していた（＊6）。そのため、義弘は豊久の遺族への悔やみの言葉もそこそこに、佐土原城に数時間滞在しただけで帰途を急いだほどである（*7）。

官兵衛は伊東氏の旧領回復の悲願を巧妙に利用して、その後も島津方へ圧迫を加えつづけたのである。

*1 「惟新公関原御合戦記」『島津史料集』北川鐵三校注 人物往来社、『旧記雑録後編三』一三九〇号「瀬戸口休五郎覚書」

*2 「如水記」『新訂 黒田家譜 一』巻之十三 川添昭二校訂 文献出版

*3 *2と同じ

*4 *1 一二八九号

*5 『日向古文書集成』三四三号 宮崎県編 名著出版

*6 *1 一三九二号「瀬戸口休五郎覚書」

*7 「樺山紹剣自記」『樺山玄佐自記並雑 丁未随筆 樺山紹剣自記』鹿児島県史料刊行委員会編 鹿児島県立図書館

黒田官兵衛と島津氏・下

——肥薩国境での駆け引き

島津氏にとって、関ヶ原合戦は義弘の退き口による帰国だけでは終わらなかった。日向口での攻防は前回紹介したが、肥後口でも同様で、しかも黒田官兵衛自身が肥薩国境まで来ているのである。

慶長五（一六〇〇）年十月、豊後を制圧した官兵衛は西九州に転進し、加藤清正（肥後熊本城主）と合流した。官兵衛と清正は九州で東軍勢力を主導する二大巨頭だった。これに西軍から寝返った肥前の鍋島直茂、勝茂親子が加わった（＊1）。

官兵衛たちは筑後、肥後にある西軍方の城を攻撃する。十月十四日に小早川秀包《こばやかわひでかね》の筑後久留米城、同十五日ころには小西行長の肥後宇土城、同二十五日に立花宗茂の筑後柳川城が次々と開城した。

とくに宗茂は開城の条件として、島津攻めの先陣をつとめることになった（＊2）。宗茂は義弘と親しく、退き口のときも一緒に瀬戸内を航行してきたほどである。官兵衛は宗茂に島津方を降伏させる説得役を期待していた。

官兵衛たちが駐留した水俣城跡　＝熊本県水俣市

十一月初め、立花勢を先陣に黒田、加藤、鍋島の軍勢が南下して肥薩国境に迫り、水俣城や佐敷《さしき》城を中心に布陣した。その数は優に三万を超えていたのではないか。しかも、宗茂からの書状（義久・義弘・忠恒あて）によれば、徳川秀忠が「薩州お改めのため」、諸大名の軍勢を引き連れて近日出陣してくる予定だとあった（＊3）。

島津氏にとっては、天下の大軍を引き受けるかもしれない一大事となった。まさに危急存亡の秋《とき》だったのである。それでも、島津氏はしたたかで、和戦のどちらでも対応できる両面作戦をとった。

たとえば、北薩の出水郡を領する義弘は国境の防備を固めるため、出水城を拡張、強化するとともに、老中の島津忠長《ただたけ》と自分の家老本田正親を配した。さらに領内の武士で出水地方に移住を希望する者には一人に付き、知行三石を加増することを約束して、兵力の充実を図った（＊4）。その一方で、上方で捕虜になった義弘の家老新納旅庵などを通じて、家康との和睦交渉を水面下で展開していた。

官兵衛もまた和戦両様の態度だった。大軍を擁していたにもかかわらず、国境を突破せず、島津方の出方をうかがっていた。そしてひそかに義弘に書状を二通送っている。それらには次のようにあった（＊5）。

「清正と相談して徳川家とのことは随分奔走するつもりです。拙者は井伊直政（家康重臣）と親しくしているので、お心安くして下さい。先年、聚楽第《じゅらくてい》での出来事は忘却しておりませんから、奔走したいので任せて下さい」

「和睦のことは井伊直政と格別に入魂《じっこん》なので進めていきます。とにかく貴殿にはこの節、表向きは謹慎なされ、龍伯様（義久）と少将様（忠恒）が（家康に）釈明なされるのがよろしいと存じます」

官兵衛は島津氏のために一肌脱ぐと義弘に伝えていたのである。聚楽第での出来事が何なのか不明だが、官兵衛が義弘に何らかの恩か借りがあったようである。両者は敵味方に分かれながらも、武将同士の信頼関係をもっていた。だから、両家が正面対決してお互いをつぶし合う理由もなかったのだろう。

そのころ、家康から官兵衛に「寒気になったので、まず年内に国元に引き揚げてはどうか」という撤退命令が届いた（＊6）。これを機に十一月下旬、官兵衛たちは肥薩国境から退陣した。これにより島津方の重大な危機も去ったのである。

＊1　「如水記」『黒田家譜一』巻之十三　川添昭二校訂　文献出版
＊2　中野等『立花宗茂』第五章　人物叢書　吉川弘文館　二〇〇一年
＊3　『旧記雑録後編三』一二五六号
＊4　＊3　一二八六号
＊5　＊3　一二七九・一二八九号
＊6　『黒田家文書二』一五号　福岡市博物館編・刊

黒田長政と島津義弘

――知られざる関ヶ原での秘密交渉と幻の縁組話

前節まで三回にわたり、黒田官兵衛と島津氏の和戦両面の関係史を述べたが、今回は官兵衛の嫡男黒田長政（一五六八～一六二三）と島津義弘（一五三五～一六一九）の間の知られざる交渉と縁組話について紹介したい。

長政と義弘の接点はそれほど多くない。地理的な関係と両者が親子ほど年齢が開いていることが大きい。そんななか、関ヶ原合戦で敵味方だった両者がひそかで重大な交渉をしていたことが確認できる。決戦直前、義弘が美濃大垣城に駐留していた慶長五（一六〇〇）年八月二十日から九月半ばの間、長政から密書が送られてきたことに触れている（＊1）。

「濃州《のうしゅう》大垣では懇切なお手紙をいただきました。その後、お手紙をいただいても、お返事を申し入れようとしたものの、途中、故障があって行き届かなかったことが残念です」

長政は東軍にあって、小早川秀秋を離反させ、吉川広家を通じて毛利軍を日和見に転じさせるなど、父官兵衛譲りの調略の手腕を発揮したことで知られる。その調略の手が義弘にも伸びていたことがわかる。ただ、義弘は敵味方に分かれている事情もあってか、返信ができなかったと述べている。

両者の交渉は敵味方に分かれていたこともあって、これまでほとんど知られていなかったが、意外と重要な事実だろう。義弘率いる島津軍は関ヶ原合戦で戦わずに中立を守っていたという説がある。それと関連して、長政からの接触が義弘の去就に何らかの影響を与えたのかどうかが問われるのかもしれない。

これと前後して、じつは両者はもっと親密な関係を築こうと、縁組を結ぼうとしていたのである。翌六年閏十一月四日、義弘が長政にあてた書状には「先年以来申し談ずる縁中の儀」とある（＊2）。関ヶ原合戦の前から縁組の話が進められていたのである。

黒田長政・島津義弘関係略系図

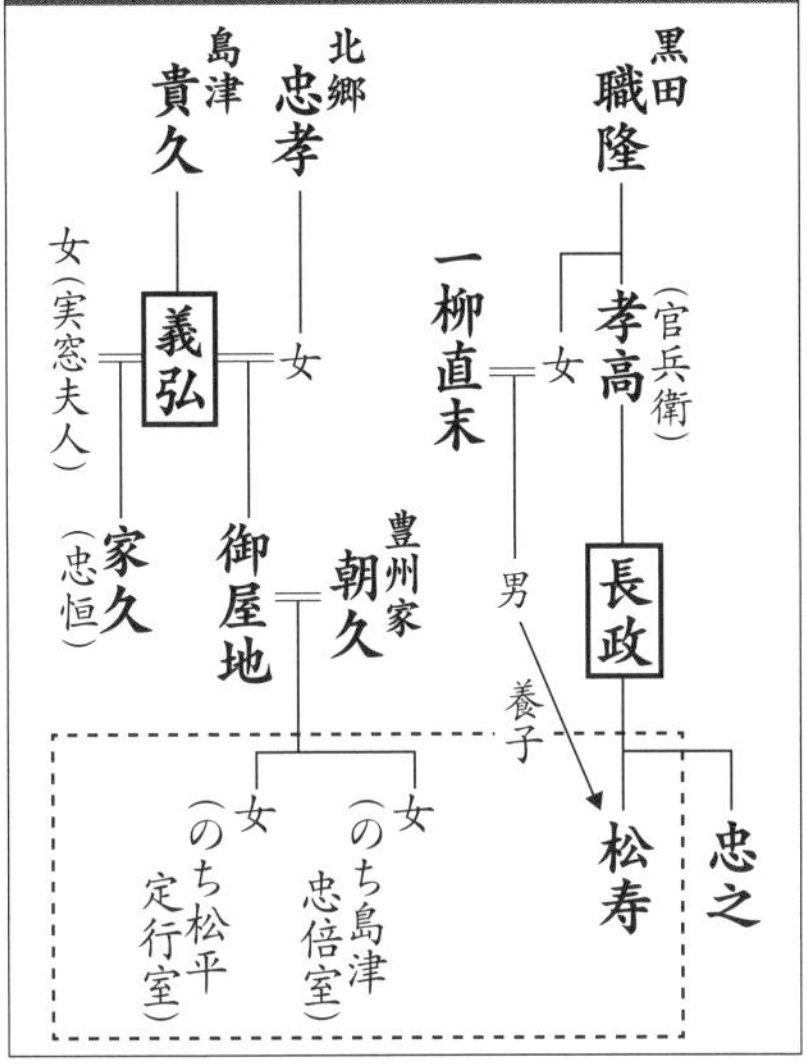

しかし、義弘が西軍についたため、その進退が不透明だった。右の義弘書状によると、家康側近の本多正信から「内府様からは問題はない」という回答をもらっているが、肝心の家康から直接知ら

されていないので、当分の間謹慎すると長政に告げていた。いわば、罪人となった自分との縁組をこれ以上進めるのは、長政のためにも、自分のためにもどうなのか。「当分深く考えたい」と、義弘は縁組の棚上げを長政に提案している。長政からは、義弘がそういう事情なら、別の家と縁組を結ぶ直してもよいかと家老の伊勢貞成に打診したようである。義弘はそれも致し方ないと返答している（＊3）。

では、両者の縁組とは具体的にだれとだれの婚姻が予定されていたのだろうか。右の義弘書状には、長政側の「御息様《ごそくさま》」とある。慶長六年時点で長政には実子がおらず、嫡男忠之が誕生するのは翌七年である。この「御息様」とは長政の従弟《いとこ》にあたる松寿《しょうじゅ》（一五九一〜一六〇三）だろう。松寿は父官兵衛の妹と豊臣秀吉の家臣一柳直末《ひとつやなぎなおすえ》（美濃浮身六万石）の男子だった（＊4）。ところが、直末が天正十八（一五九〇）年三月、小田原攻めのとき、伊豆山中城を攻めて戦死した。そのとき、松寿はまだ母の胎内にいた。官兵衛がそれを不憫《ふびん》に思い、手元に引き取って養育した。松寿が長ずるに及んで子のない長政の養子としたともいわれている。

一方、義弘のほうは「拙者孫の儀」とある。これに該当するのは、おそらく長女御屋地《おやじ》の二人の娘のどちらかだろう。

しかし、松寿は二年後の慶長八（一六〇三）年にわずか十三歳で早世してしまう（＊5）。

いずれにしろ、この縁組は実現しなかっただろう。それでも、黒田家と島津家の関係はその後も良好だった。江戸時代中期には藩主島津継豊の四女菊姫は黒田家世子の重政に嫁いでいる。さらに後期になると、藩主島津重豪《しげひで》の十二男桃次郎が黒田家の養子となり、斉溥《なりひろ》と名乗って家督を継いでいるほどである（＊6）。

＊1　『黒田家文書二』二二六号　福岡市博物館編・刊
＊2　＊1一六四・一六六号
＊3　＊2と同じ
＊4　『新修 福岡市史』資料編・近世1　Ⅱ黒田家史料　一 系図・系譜　福岡市史編集委員会編　福岡市、『寛政重修諸家譜十』一柳譜　続群書類従完成会
＊5　＊4『新修 福岡市史』資料編・近世1　Ⅱ黒田家史料　一 系図・系譜
＊6　『島津家資料 島津氏正統系図』尚古集成館編　島津家資料刊行会

義弘家老 伊勢貞成

——天草で横死、寺沢方の遺恨か

前節で、島津義弘と黒田長政の縁組話があったことを紹介した。じつはその後、義弘は豊臣秀吉の奉行だった肥前唐津城主の寺沢広高《てらさわひろたか》との間にも縁組の話があった。

その両方にかかわったのが義弘の家老伊勢貞成（一五六九～一六〇七）である。

貞成は義弘の家老だった伊勢貞世の長男である。貞成も父の跡を継ぎ、義弘の家老をつとめた。関ヶ原の合戦で退き口になると、貞成は義弘から軍奉行《いくさぶぎょう》を命じられた。途中、西軍ながら戦わなかった長束正家《なつかまさいえ》や長宗我部盛親などの軍勢が前途をふさいでいた。彼らの去就が不明だったので、貞成が交渉に向かった。そのとき、貞成は彼らが逆臣ならば斬り死に、味方ならば采を振ると約束して駆け出した。幸い、貞成が采を振ったので、義弘主従は何とか通過することができた（＊1）。

翌慶長六（一六〇一）年、義弘と黒田長政の間で縁組話が進められたとき、交渉の実務を担当したのが貞成と、長政の家臣鳥居勘左衛門だった。貞成は勘左衛門に義弘が石田三成など奉行衆に味方せざるをえなかった事情を詳しく釈明している。また長政からも貞成に書状が送られ、破談となった場合、別家と縁組してもよいかどうかを相談しており、かなり突っ込んだ交渉をしていることがわかる（＊2）。

それから六年後の同十二年（一六〇七）、今度は義弘と寺沢広高の間で縁組が進められた。おそらく広高の長男忠晴と義弘の孫娘の婚姻だと思われる（＊3）。広高は秀吉の死後、次第に徳川家康に接近し、関ヶ原合戦では東軍に属して、肥後国天草郡四万石の加増を受け、十二万石の大名になっていた。

だが、この縁組は途中で暗礁に乗り上げた。広高がキリシタン大名であると思い込んだ島津方が難色を示したというのである。義弘は縁組の中止を決断する。破談を先方に伝えるのは難しい任務だった。広高の面目をつぶしたことになるからである。使者の役を買って出たのが貞成だった（＊4）。なお、広高

伊勢貞成の墓　＝始良市加治木町・長年寺墓地

がキリシタン大名だという明証はないように思われる。そうであれば、島津方に別の理由があったのだろうか。

貞成は十月下旬、主従五十二人で唐津に向かい、広高に対面した。広高は「縁組の話は家老の聞き違えだった」と答えてくれたので、何とか破談の了承を取りつけた（＊5）。

異変が起きたのはその帰路である。貞成主従は寺沢氏領である天草の志岐（現・熊本県天草郡苓北町）に立ち寄った。同城代の高畠仲兵衛が再三、茶湯に誘った。貞成は何か謀《はかりごと》があるのではないかと疑って固辞したが、ついに断り切れずに応じた。

十一月十日、茶室での饗応のとき、突然、仲兵衛が斬りかかってきた。貞成はその刀を奪い、仲兵衛を斬った。かなわじとみた仲兵衛が逃げる。貞成がそれを追いかけたとき、不運にも長炉につまずいて転んでしまった。そこへ仲兵衛の家来、大津喜右衛門が斬りかかって貞成を討った。仲兵衛も重傷を負い、ほどなく自刃したという（＊6）。

貞成の遺骸は国許に運ばれた。義弘は変わり果てた貞成の遺骸と対面、「仁者は仁をなして身を喪《うしな》うという。貞成は自分を犠牲にして忠を尽くした」と嘆き悲しんだ（＊7）。

この一件は縁組の破談が寺沢方に遺恨を生じさせ、仲兵衛の暴挙となり、貞成の不慮の死を招いてしまったものだろう。仲兵衛の単独行動か、広高の指示があったかは不明である。

後日談だが、貞成死後、その受傷に疑義が生じた。貞成が卑怯な行為をして後ろ傷を受けたのではないかと噂されたのである。立腹した義弘が貞成の墓を掘らせたところ、正面からの向こう傷のうえ、指先がすべて切り裂かれていたので、無責任な風聞はやんだという(＊8)。

＊1 『旧記雑録後編三』一三五一号「山田晏斎覚書」
＊2 『黒田家文書二』一六四号 鳥居勘左衛門尉宛て伊勢貞林書状 福岡市博物館
＊3 『本藩人物誌』巻之一 伊勢貞成譜
＊4 ＊3に同じ
＊5 ＊3に同じ
＊6 『旧記雑録後編四』四〇六号「家久公御譜中」
＊7 ＊6に同じ
＊8 ＊3に同じ

島津義弘と九州陣

――知られざる豊臣軍迎撃策

二〇一四年九月二十日、薩摩川内市で「豊臣秀吉の襲来と川内」と題して講演した。多くの市民のみなさんに参加していただき、感謝の気持ちでいっぱいである。

その後、南日本新聞紙の読者欄「ひろば」にも講演の感想と質問が寄せられていた。質問は「なぜ、秀吉は泰平寺《たいへいじ》を本陣にしたのでしょう?」というものだった。投稿者は泰平寺の檀家でいらっしゃるようで、ひときわ関心が高い方とお見受けした。以下、質問への回答である。

秀吉に限らず、大名が占領地に入る場合、その地の有力な寺社を宿舎にするのが一般的である。泰平寺は川内周辺ではもっとも歴史のある古刹《こさつ》であり、往時は大伽藍《だいがらん》があったといわれている。しかも、天平《てんぴょう》九(七三七)年創建とされる国分寺よりも以前に建立されたという。先乗りした豊臣軍の先陣が最初から由緒ある泰平寺を秀吉の本陣に想定していたのではないかと思われる。

一方、豊臣軍は焦土作戦も展開しており、天皇家ゆかりの新田神社以外の寺社や町をほとんど焼いてしまった（＊1）。そのため、秀吉の本陣が置けるような大規模な施設では泰平寺くらいしか残っていなかったのではないかと思われる。

さて、時間の関係で講演では語れなかったことがある。それは島津義弘がひそかにあたためていた豊臣軍の迎撃構想である。天正十五（一五八七）年五月八日、太守島津義久は出家して泰平寺に出頭し、秀吉と対面して正式に降伏した。近年、同寺に隣接した泰平寺公園に二人の和睦像が建立されたことは知られている。

飯野城遠景　＝宮崎県えびの市

しかし、その時点で島津家中の全体が降伏したわけではなかった。それぞれの居城にこもって抗戦する構えの武将が多かったのである。義久の次弟義弘と三弟歳久をはじめ、大口の新納忠元、都城庄内の北郷《ほんごう》一雲《いちうん》・三久《みつひさ》父子、入来院の入来院重時、日向飫肥《おび》の上原尚近などがいた。

なかでも、その中心は義弘だった。義弘は前年から豊後侵攻を積極的に主張した主戦派であり、同国に侵攻してからも、一時は玖珠《くす》郡の野上城を拠点にして豊臣軍を迎え撃とうとしていたほどである（＊2）。

その後、豊臣方の大軍に押され、五月初めに居城の日向飯野城に帰還した。「新納忠元勲功記」によれば、義弘はただちに歳久（薩摩虎居城主）と籠城の手配を打ち合わせた（＊3）。それが豊臣軍への抗戦構想だった。

①入来院は「要険の城」なので、入来院重時のほか、島津征久《ゆきひさ》（国分清水《きよみず》城主）をこもらせる。

②日向真幸院《まさきいん》から大隅菱刈の日州筋は豊臣軍が通過するので、手強く防御することが肝要である。

③祁答院《けどういん》は歳久が堅固に守るが、少勢なので義弘の家老である伊集院久春（横川地頭）を加勢させる。

④日向飯野は手強く戦えるが、敵が埋草《うずめくさ》で攻め寄せてくると持ちこたえられないかもしれないので、庄内の北郷方に援軍を依頼する（埋草とは寄手が空堀に草、樹木などを投げ入れて無力

飯野城本丸跡

化する戦術）。

義弘は薩摩・大隅の北部から日向南西部にかけた広域の防衛圏を設定し、豊臣軍に抗戦しようという戦略を考えていた。

その広域割拠を維持して長期戦に持ち込んだら、大軍とはいえ兵糧に不安のある豊臣軍は攻めきれずに撤退のやむなきに至った公算が高い。

しかし、太守義久の降伏により、義弘の戦略は画餅《がべい》に帰したのである。それでも、秀吉が当初、島津氏に薩摩一国安堵しか認めていなかったのを、大隅と日向諸県郡《もろかたぐん》の確保まで押し返したのには、この抗戦策により島津侮れずと秀吉に思わせたことが大きいだろう。

＊1　『三国名勝図会二』　五代秀堯・橋口兼柄編　青潮社

＊2　『旧記雑録後編二』二三二号

＊3　＊2四一三号

梅北一揆の勃発と終息・上

――反乱軍、佐敷城を占領

豊臣秀吉による朝鮮出兵（文禄《ぶんろく》・慶長《けいちょう》の役《えき》、一五九二～九八年）は無謀で、内外に多大な犠牲者を出した戦争だった。

秀吉に服属した島津氏も当然、この戦争に動員された。しかし、総大将となった島津義弘は兵がなかなか集まらず、わずか二十三騎で出陣せざるをえなかった（＊1）。そればかりか、肥前名護屋《なごや》に着いても、予定の期日までに国許から軍船が到着しなかったため、義弘主従は小船を借りて渡海したほどである。義弘が「日本一の大遅陣」と嘆いたことは有名である（＊2）。

島津氏の家中では、この戦争に対する不満や反発が強く、厭戦《えんせん》気分が濃厚だった。それは出陣の大幅な遅れや薩州家の島津忠辰《ただとき》（出水城主）による軍役拒否と秀吉による改易を引き起こしたばかりか、ついには島津軍将兵による反乱という事態までエスカレートした。

この反乱を「梅北一揆《うめきたいっき》」と呼ぶ。反乱の首謀者である梅北宮内左衛門尉国兼《くないさえもんのじょうくにかね》（?～一五九二）という武将名にちなんでいる。

国兼は島津家の譜代家臣である。梅北氏はもともと日向国庄内梅北を領していたと伝えられる（＊3）。国兼は天文年間（一五三二～五五）から各地で戦っていた古参の武士で、有名な岩剣城の戦いにも名前が見える。武功により足軽大将から帖佐や山田の地頭職に取り立てられ、朝鮮出兵のころは大隅国菱刈郡湯之尾《ゆのお》の地頭職をつとめていた（＊4）。地頭は島津氏の直轄領の旗頭であり、数百人の在地の武士を率いる大将である。また義弘の嫡男久保が小田原攻めに出陣したときにも随行し、「勇敢之士十五騎」の一人と称されるほどで、島津本宗家のそば近くに仕える譜代家臣だったのである（＊5）

梅北一揆で占領された佐敷城の追手門跡
＝熊本県芦北町

文禄元（一五九二）年、国兼も出陣した。肥前平戸まで達したとき、何を考えたのか、義弘の跡を追わないで、僚将の田尻但馬や伊集院三河らと語らい、戦列を離れて南下した。海路だった可能性が高い。但馬は義弘の祖父島津日新斎《じっしんさい》に取り立てられ、数々の手柄を立てたという。三河は経歴不明だが、大隅の大姶良（現・鹿屋市）出身で、但馬の与力だったと思われる（＊6）。国兼たちは肥後南部の佐敷《さしき》に達した。そこで、朝鮮に渡海するために北上してくる島津家の将兵たちに一揆を呼びかけた（＊7）。

「梅北国兼と田尻但馬は肥前平戸海岸まで達すると、ここでたちまち変心して一揆を企て、詐《いつわ》って君命と称し虚言を吐き、薩隅日三州の悪徒と豊肥・筑前・筑後の与党を召集し、二、三百騎と士卒二、三千人が結党し、肥後の加藤清正の領内に侵入し、文禄元年六月十四日、佐敷城に入って陣営を構えた」

国兼らは「君命」、すなわち太守島津義久や同義弘の命令だと偽って、佐敷城を占拠しようとしたのである。国兼らの呼びかけに応じた武将で、東郷甚右衛門重影がいた。島津家の有力国衆入来院《いりきいん》重時の重臣である。重時が病気のため、陣代として六五〇人の兵を率いていた（＊8）。

佐敷城は肥後北半を領する加藤清正（隈本《くまもと》二〇万石）の飛び地の支城である。清正の家老加藤重次が城代をつとめていたが、清正に従って朝鮮に出陣して留守だった。そのため、坂井善左衛門・安田弥右衛門・井上彦左衛門の留守居のほか、わずかな足軽が残っているだけだった（＊9）

六月十五日朝、国兼と重影の使者が安田の屋敷にやってきた。そして、名護屋からの軍令だと称して当城を国兼が受け取ると伝えた。城方は本城の隈本留守衆からの命令がないことを理由に明け渡しを拒否した。ところが、そうする間に一揆衆は佐敷の町人、庄屋、百姓までを味方につけて佐敷城下に押し寄せ、とうとう同城を奪取してしまったのである（＊10）。

国兼らの佐敷城占領により、一揆は中九州から南九州に拡大する様相を呈した。豊臣政権にとっては、足下を揺るがす由々《ゆゆ》しき反乱の勃発だった。

＊1　『旧記雑録後二』八二二号
＊2　＊1八八三号
＊3　『諸家大概』鹿児島県史料集Ⅵ　鹿児島県史料刊行会
＊4　『本藩人物誌』　鹿児島県史料刊行会編　鹿児島県立図書館
＊5　＊1六四八号
＊6　＊4と同じ
＊7　＊1九二二号
＊8　＊4と同じ
＊9　「梅北記」『碩田叢史』二十八　東京大学史料編纂所架蔵
＊10　「井上弥一郎梅北一揆始末覚」『熊本県史料』中世編第五　熊本県

梅北一揆の勃発と終息・中

――反乱、あっけない幕切れ

前回で紹介したように、文禄元（一五九二）年六月十五日、梅北国兼《うめきたくにかね》などが率いる島津家中の反乱軍は、肥後南部の葦北《あしきた》郡佐敷《さしき》城を占領した。これには地元の町人や百姓も加わったので、一揆勢は二、三千人にふくれ上がった。その後の梅北一揆の拡大と鎮圧までのいきさつを、紙屋敦之氏の論文を中心に述べてみたい（＊1）。

佐敷城を占領した一揆勢はそれだけで満足せず、その日のうちに佐敷北方の田浦《たのうら》に進出していた。翌十六日には肥後南半を領する小西行長（宇土一五万石）の支城である八代郡の麦島城を海陸から奪おうとした。まず田尻但馬は船で、宇土城南郊の益城《ましき》郡松橋《まつばせ》（現・宇城市松橋町）に上陸すると、付近を放火しながら南下した。さらに小川（現・宇城市小川町）を経て八代にめざした。但馬の動きには宇土城と麦島城の連絡を分断する意図があったと思われる。

一方、東郷重影（入来院重時の陣代）は峻険な三太郎峠のひとつである赤松太郎峠を避けて、海路、八代へ向かった。但馬と重影の軍勢で麦島城を南北から挟撃しようとしたのだろう。

　さらに国兼らは周辺の大名や国衆にも一揆に加わるよう呼びかけた節がある。とくに佐敷の内陸にあたる球磨郡の大名相良頼房（人吉二万石）にも加盟を呼びかけているのが注目される。

梅北一揆に加担した伊集院三河の133回忌追善供養塔（左）＝鹿屋市獅子目町

　しかも、驚くべきことに、国兼らは主君の太守島津義久にも反乱への同調を呼びかけているのである。「朝鮮日々記」によれば、国兼は佐敷城を占領したことを「早使」によって、豊臣秀吉の本陣である肥前名護屋城に詰めている義久に知らせている。驚いた義久はその使者を捕らえ、国兼の書状を封を切らないで、そのまま石田三成に差し出している（＊2）。国兼は自分たちが佐敷城を占領すれば、豊臣政権への潜在的な不満を抱いている義久も起ち上り、反乱は島津家中全体に拡大すると思い込んでいたのかもしれない。

　しかし、一揆の拡大もここまでだった。まず地元の反一揆側の反撃が始まったのである。佐敷城

田尻荒兵衛の供養墓　＝南さつま市加世田津貫

の留守衆は隈本《くまもと》の本城や相良氏に救援要請をする一方、ひそかに国兼の謀殺を企てた。国兼が僚将を八代方面に派遣したことで、佐敷城の守りが手薄になっている隙を突こうとしたのである。

　十七日朝、留守衆の坂井善左衛門尉や安田弥左衛門らが陣中見舞いと称して酒肴を献上し、国兼のために酒宴を催した。喜んだ国兼が酔いが回ってすっかり上機嫌になっているところを、井上弥一郎が隙を見て殺害してしまった。あっけない国兼の最期だった。

　ところで、国兼には「山蜘《やまこぶ》」という従僕が常に身辺警固をしていた。「天性剛強」といわれるほどの豪傑で、国兼と共に戦場を駆けめぐり、主人の武名を高めたという。しかし、山蜘も泥酔していたのか、肝心なときにまったく役に立たず、主人と一緒に討たれてしまった（＊3）。

　八代方面に出撃した一揆勢も首魁の国兼が殺害されたことを知って浮き足立った。田尻但馬は小川で松浦筑前守（島津家の家臣か）に防がれて敗走、息子の荒二郎、荒五郎や家来百余人とともに赤松太郎峠あたりで討たれた。僚将の伊集院三河もこのとき討たれたと思われる。

東郷重影もまた、佐敷に引き揚げる途中、佐敷城から派遣された野村新兵衛の軍勢と在地の土豪により田浦で討たれた。その残党が佐敷まで達したが、城方と救援に駆けつけた相良勢によってことごとく討ち取られてしまった（＊4）。

かくして、梅北一揆は国兼の油断と誤算により、わずか三日で鎮圧された。まことにあっけない幕切れだった。

＊1　紙屋敦之「梅北一揆の歴史的意義―朝鮮出兵時における一反乱―」『島津氏の研究』戦国大名論集16　福島金治編　吉川弘文館　一九八三年
＊2　「旧記雑録後編二」八九八号
＊3　＊2九二二号
＊4　＊3と同じ

梅北一揆の勃発と終息・下

一揆の波紋と宝福寺との関わり

梅北一揆はわずか三日間で鎮圧されたが、その戦後処理は、島津氏にとっては苛烈なものになった。

家来が反乱を起こしたので、まず太守島津義久の責任が問われかねなかった。幸いにも奉行の浅野長政の取り成しにより、義久は辛うじて免罪された。その代わり、豊臣秀吉は義久に急ぎ帰国して国兼ら首謀者の親族と反乱軍の残党をことごとく成敗することを命じ、細川幽斎が目付として同行した（＊1）。

帰国した義久は国兼の妻女を捕らえて、秀吉のいる肥前名護屋《なごや》城に送った。秀吉は見せしめのため、何の罪もない彼女を残虐な方法で処刑した。彼女は名護屋城の広い内庭に連行され、衆人環視のなか、木に両手を縛られ、火をかけられて生きながら焼き殺された。目撃した人の証言によると、彼女は目を見開き、身動きもせず、悲鳴や喚声をあげることなく焼かれ、炭になるまで不動の姿勢を保っていたという（＊2）。

そのほか、国兼に加担した田尻但馬の息子荒五郎も川辺郡の宝福寺《ほうふくじ》（別名・山の寺）の麓で成敗されたともいう（＊3）。これについて、紙屋敦之氏は、荒五郎は肥後で戦死しているから誤伝であり、実際は荒尾嘉兵衛《かへえ》が成敗されたことと混同されたとする（＊4）。

荒尾嘉兵衛は田尻但馬の叔父である。田尻親子の妻子を連れて、但馬の知行地である市来から宝福寺に向かったところを捕縛されて斬られたらしい（＊5）。妻子も同様の運命を辿ったと思われる。

梅北一揆ともかかわる宝福寺（山の寺）跡
＝南九州市川辺町

宝福寺は室町中期に建立された曹洞宗の巨刹である。島津日新斎も帰依したことで知られる。紙屋氏によれば、島津家領の国人たちが勧進を行っており、彼らの精神的な紐帯というべき寺だったという（＊6）。

紙屋氏は、梅北一揆が起こった主因を無謀な朝鮮出兵を推進する豊臣政権への反乱というよりは、島津氏が戦国大名から豊臣大名へと転化する過程で領内の在地諸勢力との矛盾が拡大した点を重視している。とくに島津氏が朝鮮出兵の戦費調達のため、その直轄領を支配する地頭（国兼も含む）がもつ職分《しきぶん》（既得権益）を返納させようとした形跡があることを指摘している（＊7）。ただ、地頭職分の返納が島津氏領内で広く実施されたかどうかは不明である。だから、紙屋説が裏付けられたとはいいきれない。

宝福寺といえば、紙屋氏は梅北一揆の一年前、天正十九（一五九一）年四月二十七日、大野忠宗という武士が宝福寺門前の市之瀬で、義久の命により成敗されたことに注目している（＊8）。

大野氏は薩州家の分家で、川辺郡山田を知行地としていた。忠宗も加世田地頭をつとめたことがある。また国兼も旧姓は宮原氏で、川辺郡加世田の宮原郷が本貫の地ではないかと推定されている。つまり、梅北国兼、田尻但馬、荒尾嘉兵衛、大野忠宗はともに南薩の国衆で、宝福寺と関わっているのではないかと、紙屋氏は指摘する。忠宗が義久に成敗された理由は不明だが、島津氏による強権発動に不満をもった国兼ら在地の国衆たちが前途に危機感を抱き、それが朝鮮出陣を引き金に一揆へとエスカレートしたのではないかと、紙屋氏は述べている（＊9）。

ただ、大名島津氏と在地勢力の軋轢《あつれき》なら、他国の佐敷城ではなく島津領内での挙兵のほうが支持を得られやすかったのではないだろうか。一方、同時代の島津家家臣の手記に「名護屋の御陣《ごじん》（陣）を妨《さまたげ》ん計《はかり》ごとか」とあるのも無視できない（＊10）。秀吉の朝鮮出兵強行への不満や異議申立という目的のほうが大きかったのではないだろうか。

＊1　『旧記雑録後編二』九〇六号
＊2　『フロイス日本史2』豊臣秀吉篇Ⅱ　第三一章　松田毅一・川崎桃太訳　中央公論社
＊3　「朝鮮日々記」＊1八九八号
＊4　紙屋敦之「梅北一揆と山の寺」『七隈史学会会報』五号　一九九二年
＊5　＊4と同じ
＊6　＊4と同じ
＊7　紙屋敦之「梅北一揆の歴史的意義—朝鮮出兵時における一反乱—」『島津氏の研究』戦国大名論集16　福島金治編　吉川弘文館　一九八三年
＊8　＊4と同じ
＊9　＊4と同じ
＊10　「長谷場越前自記」『旧記雑録後編二』九一六号

名護屋城の島津義弘陣屋
――長くて堅固な石垣、義久も使用

二〇一五年春、肥前名護屋《なごや》城を訪れた。豊臣秀吉が朝鮮半島侵攻の拠点とした城で、玄界灘に突き出す波戸《はど》岬に築かれている（現・佐賀県唐津市鎮西町）。大手口や本丸をはじめとした高石垣は見上げるばかりで、大坂城など秀吉のほかの城にも劣らない偉容を誇っていた。同城は天正十九（一五九一）年八月頃に築城が決定され、同年十月、黒田孝高《よしたか》が縄張りし、浅野長政が惣奉行《そうぶぎょう》となり、九州の諸大名を中心に「割普請《わりぶしん》」（担当区域を大名に割り振って工事すること）が開始され、秀吉が名護屋に着陣する前の翌二十年二月頃には完成したという（＊1）。

名護屋城の周辺には諸大名の陣屋が多数設けられた。同城を中心に半径三キロ内に一二〇カ所もの陣屋跡が発見されているという（＊2）。

そのなかには島津家の陣屋もある。波戸岬の突端近くの西岸に「島津義弘陣跡」という案内標識が立っていた。林の中を進むと、陣屋の石垣が姿を現した。陣屋の基礎部分だと思われるので、高さは二メートル弱でそれほどでもないが、長辺は数十メートルあり、四

島津義弘陣屋の石垣（右）と案内標識　＝佐賀県唐津市鎮西町

方にめぐらされていた。

朝鮮出兵に先立ち、秀吉は名護屋城の普請をおもに九州の諸大名に命じている。同十九年十月、島津家でも太守義久がその命に従い、名護屋に向かった。しかし、その途中、隈之城で持病の虫気《むしけ》（胃腸の疾患）がぶり返してしまい、代わりに弟義弘が向かうことになった（＊3）。

島津家に割り当てられた普請の分担は決して軽くはなかった。「御普請之次第」によると、どの曲輪か不明だが、石垣は横二〇七間（約三七三メートル）、高さ四丈五尺（約一三・六メートル）のほか、大石を崩して地ならしする場所が横六間（約一〇・八メートル）、長さ三四間（約六一メートル）、小屋敷の作事も一〇八間分（約一九四メートル）もあった（＊

名護屋城のある波戸岬（左）

4）。

しかし、その普請も手違いや困難が付きまとった。有力一門衆である薩州家の島津忠辰《ただとき》が秀吉の軍令に従わず、島津家中から離脱して独立しようとしたばかりか、水帳《みずちょう》（検地帳）の提出や名護屋城普請への協力を拒絶する一幕もあったのである（＊5）

義弘は名護屋城の手伝い普請と同時並行で、陣屋の造営も手がけたものと思われる。ようやく普請が完了したのは、翌二十（一五九二）年初めだろうか。義弘はその後、いったん居城の栗野城へ帰り、あらためて二月二十七日、わずかな供廻を率いて栗野を発して名護屋へ向かった。着陣は三月中旬である。本来は義久が総大将として朝鮮に渡海する手はずになっていた。秀吉は同年春、豊臣政権の奉行である浅野長政とともに朝鮮に渡海するよう、義久に命じていたからである（＊6）。

しかし、義久は虫気から回復していなかったのか、朝鮮渡海も義弘が陣代として出陣することになったのである。義弘が嫡男久保《ひさやす》とともに名護屋を発したのは四月十二日だった。その後、義久が鹿児島を発したのは五月八日で、名護屋に着いたのは六月五日である(*7)。朝鮮に渡海した義弘が陣屋に滞在したのはわずか一カ月ほどで、その後は義久が詰めることになった。しかし、義久も侍医の許三官《きょさんかん》が明国と通じて秀吉の激怒を買ったり、梅北一揆の戦後処理に追われて一時帰国したりして、決して安穏に過ごしていたわけではなかった。この陣屋は島津家の内憂外患を見届けていたのである。

*1 『新訂 黒田家譜一』巻之六　川添昭二校訂　文献出版
*2 図録『肥前名護屋城と「天下人」秀吉の城』平成二一年度 佐賀県立名護屋城博物館 特別企画展　佐賀県立名護屋城博物館編・刊　二〇〇九年
*3 『旧記雑録後編二』七八四号
*4 *3七八三号
*5 *3七九一号
*6 『島津家文書之一』三五八・三五九号　東京帝国大学編・刊
*7 *3八八八号

仙巌園の「猫神」

——義弘が時間を知るために朝鮮に猫を同行

時計のなかった中世や戦国時代、時間を知るのは難しかった。それを奇抜な方法で知ろうとした大名がいる。島津義弘である。それは果たして、どのような方法だろうか。

鹿児島市の仙巌園の一角に「猫神」という祠がある。近年の猫ブームもあって参拝客も多いという。この「猫神」にはどのような由緒があるのだろうか。

案内板によれば、戦国武将の島津義弘(一五三五～一六一九年)が朝鮮出兵の際、猫の瞳孔の開き具合によって時間を知るために同行したので、「時の神様」と呼ばれたとある。

この「猫神」の由緒を史料で確認しようとしたが、よくわからなかった。そこで、田中貴子氏の研究を手がかりに検討してみたい(＊1)。

調べたかぎりで、もっとも古い史料は遅くとも明治時代中期の写本「薩藩旧伝集」(成立は幕末期か)。だが、わずか一行程度の記述のみである(＊2)。

「一、護摩所猫神は惟新《いしん》公朝鮮ご渡海に御供《おとも》して、ご帰朝の時まで御供しけり、是を崇めて猫神と云ふ」

仙巌園の「猫神」　＝鹿児島市吉野町

「猫神」が護摩所にあるというほかは、義弘の朝鮮渡海に同行し、帰国のときも一緒に帰って来たということがわかるのみである。どのような種類の猫を何匹同行したのか、朝鮮での様子はどうだったのか、実際に時間を知ることができたのかといった肝心な情報は載っていない。

次に昭和六（一九三一）年に刊行された『磯乃名所旧蹟』である（＊3）。右よりも詳しい情報がある。まず「猫神」の場所の変遷がわかる。最初は鶴丸城の北の護摩所にあったのを、明治初年の廃藩のとき、仙巌園に遷座したという。そのとき、天明六（一七八六）年十二月、島津筑後（都城島津家）が寄進した手水鉢も一緒に移転したと伝わるという。

そして、「猫神」の由緒についても「文禄の役、島津家十七代義弘公朝鮮ご渡海よりご帰朝まで引き続き御供した猫を崇祀《すうし》されたもので、護摩所の猫神と称し、有名だったという。百日咳を病んでいる者が平癒を祈願すれば霊験があったという」とある。

これにより、「猫神」は最初、鶴丸城の護摩所に鎮座していたことがわかる。また文禄の役（一五九二〜九三年）に同行し、義弘が帰国するときに御供したとあるが、この帰国は文禄の役後の一時帰国か、その後の慶長の役（一五九七〜九八年）での最終的な帰国かはよくわからない。

それから半世紀ほどのち、島津家の明治後期から昭和期の当主島津忠重（一八八六〜一九六八年）の著「炉辺南国記」に興味深い記事がある（＊4）。

「朝鮮の役に島津義弘が猫七匹を携行して、これを各部隊に配属させた。時刻を知るには猫の眼の動きで知るのであった」と猫の数と同行の理由、目的が書かれている。さらに猫たちの詳しい情報がある。

「七匹のうち五匹は戦地で死んだが、二匹だけ帰国した。この猫は黄白二色の波紋で、義弘の次子久保《ひさやす》に愛せられ、この猫をヤスと命名していた。久保は出征中二十一歳の若さで病死したが、その後この種の毛並の猫を郷土ではヤスと呼ぶようになったという」。

なお、著者の島津氏は右の情報の出典を、昭和二十四（一九四九）年六月（時の記念日）の南日本新聞の記事だとする。同紙の文化部デスクに同紙バックナンバーを集成したアーカイブを調査してもらったが、その記事を発見できなかった。

以上から、「猫神」の由緒が形成されたのは意外と新しく、戦後のことだといえそうである。もっとも、この由緒は江戸時代の何らかの史料に拠っているのではないかと思われるが、力不足もあって、現段階ではこれ以上は不明である。義弘とともに海を渡った猫たちという興味深い題材の解明は今後の課題にしたい。

付記　その後調べたところ、「猫神」は最初、久保の養親である大守義久が文禄四（一五九五）年、隠居城の富隈城に稲荷社を再興したとき、「猫神」も祭神としたという。その由緒によれば、久保が寵愛したヤスは久保の死後、絶食して餓死したという（＊5）。まるで殉死である。

＊1　田中貴子『猫の古典文学誌』講談社学術文庫　二〇一四年
＊2　「薩藩旧伝集」巻ノ二『新薩藩叢書一』新薩藩叢書刊行会編　歴史図書社
＊3　井上良吉『磯乃名所旧蹟』私家版　一九三一年
＊4　島津忠重『炉辺南国記』島津出版会　一九八三年
＊5　守屋奈賀登・桑幡公幸『国分の古蹟』私家版　一九〇五年

島津退き口の最年少 松岡千熊

――家族との感動的な再会

関ヶ原合戦に数え十四歳の少年が従軍し、有名な島津の退き口で無事帰還したことをご存じだろうか。

当時、その少年は松岡千熊（一五八七～？）と名乗っていた。まだ中学生くらいの年ごろである。おそらく関ヶ原に集った島津軍のなかで最年少だったと思われる（元服していたかどうかは不明）。

千熊は『旧記雑録後編三』に収録された退き口体験者の手記に時折登場する。しかも、千熊自身が同書にいろいろな名前で多くの手記を残しているが、ほとんど知られていない。「神戸五兵衛覚書」「神戸久五郎咄覚《はなしおぼえ》」「神戸休五郎覚書」「瀬戸口休五郎覚書」などの書名がそうである。その後、長命を保ったこともあり、千熊は島津の退き口の知る人ぞ知る語りべでもあったのである。

ところで、なぜ千熊はたびたび改姓、改名しているのか。千熊の父ははじめ、神戸休五郎といい、伊勢国出身だった。伊勢国司の北畠氏一門で戸木《へき》御所と呼ばれた木造《こづくり》氏（木造

墨俣から見た金華山の岐阜城（中央の山）

具政《ともまさ》か）の家来だったという。そして豊臣政権の後期、父子ともども島津義弘に三〇〇石で召し抱えられた。休五郎は義弘に仕えたとき、松岡勝兵衛と改めた（＊1）。それに伴い、千熊も松岡名字を名乗った。そして、帰国後、瀬戸口に改めたり、旧姓の神戸に復帰したりしたと思われる。

千熊はわずか十四歳にもかかわらず、なぜ関ヶ原合戦に従軍したのか。それは父勝兵衛が伏見城の戦いのとき、鉄砲で腰のあたりを銃撃されて重傷を負ったため、父の代わりに出征したと思われる。

千熊の手記で注目されるのは、石田三成についての記述である。慶長五（一六〇〇）年八月二十三日、西軍方の岐阜城が落城すると、勢いに乗った東軍が長良川を渡って押し寄せてきた。義弘は三成などと近くの佐渡《さわたり》の渡しで軍議を開いていた。敵の大軍を見て驚いた三成は大垣城に引き揚げた。義弘は一緒に退却しようという三成の勧めを拒絶して、墨俣《すのまた》の渡しを守っていた味方と合流してから大垣城に引き揚げようとした。

するど、前方から単騎で駆けてくる武者が見えた。なんと、三成本人だった。三成は佐渡で義弘と険悪な雰囲気になったことを気にして和解のために迎えに来たのである。このとき、三成が「黒具足、甲《かぶと》の立て物には水牛の角立て物」といういでたちだったことを書き留めたのが千熊である（＊2）。

西軍の敗戦後、島津勢は敵中突破して伊勢街道から大坂をめざした。千熊も義弘を守って、ようやく大坂にたどり着いた。すでに大坂では義弘が討死したという噂が広まっていた。留守を守っていた島津家中の人々も落胆しているところに、義弘の健在が伝えられたのである。

帰還した千熊も急ぎ家族が住む屋敷の長屋に行ってみると、父の松岡勝兵衛によく似た人がいる。すると、「千熊ではないか」と声をかけられた。父子は手に手を取り合って長屋の二階に上った。両親や弟妹が「さてこれは夢也」と言って涙を流した。義弘が討死したと聞いていた家族は千熊が若年なので主君に殉じて、すでに討死したものと覚悟していたという。そこへ千熊がひょっこりと帰ってきたので、「随喜の涙限りなし」と家族みんなで喜んだ（＊3）。のち、千熊は義弘からその忠節を賞され、一〇〇石を与えられた（＊4）。

史料によれば、千熊は寛文四（一六六四）年でもまだ存命していることがわかる（＊5）。その時点では七十八歳である。没年は定かではないが、まだしばらくは存命だったのではないだろうか。おそらく島津の退き口を知る最後の語りべだったと思われる。

＊1 『本藩人物誌』松岡勝兵衛譜
＊2 『旧記雑録後編三』一三二三号「神戸久五郎覚書」
＊3 ＊2一三八六号「瀬戸口休五郎覚書」
＊4 ＊2一二〇九号「旧記抄」
＊5 ＊2一四〇三号「神戸五兵衛関ヶ原之覚書」

謎の加治木銭

——義弘の対外貿易で使用か

旧・加治木町（現・始良市）にかつて銭屋町と呼ばれる町があった。この地で、いわゆる加治木銭《かじきせん》が鋳造されていたという。同銭は私鋳銭《しちゅうせん》である。私鋳銭とは中国大陸から輸入された渡来銭（宋銭、明銭）を国内で模造したもので、粗悪な品質の銭貨が多い。

加治木銭は明代初期の洪武年間（一三六八～九八）に鋳造された洪武《こうぶ》通宝を模造したものが多く、裏面に加治木の三文字のうちのどれかを鋳出してある。とくに「治」が多いのが特徴である（写真参照）。ほかにも十一世紀の宋銭である元豊通宝や元祐通宝なども模造されている。『島津斉彬言行録』にも記事があり、次のように書かれている（＊1）。

「義弘公は加治木において通貨も御鋳立なされたる由、（慶長年中、義弘公加治木御在城のころ、同地においいて鋳銭せられしこと、旧史に記するが如し、銭形《かた》ち洪武通宝に擬し、裏面に加の字一つを記せると云）」

この加治木銭は相当数が現存し、同町には鋳銭所の史跡や鋳造に使ったとされる石臼などの遺物も残っているにもかかわらず、謎に包まれている。たとえば、同銭を鋳造したのは誰なのか、鋳造の時期はいつか、目的は何なのかといった肝心な点が不明である。それというのも同銭の由来を記述した確実な同時代史料が見つかっていないからである。

加治木銭の記事が史料に初めて登場するのは、これまで『加治木郷土誌』に書かれている天明元（一七八一）年頃だとされていた（＊2）。近年ではその少し前の宝暦十二（一七六二）年ころ、藩主島津重豪《しげひで》が編纂させたとされる「加治木古老物語」ではないかと、地元の郷土史家晋哲哉氏が指摘している（＊3）。

加治木銭　表は「洪武通宝」（左）、裏は「治」＝姶良市教育委員会提供

加治木銭の記事は右の『加治木郷土誌』（一九六六年刊）にまとまった記事がある。それによれば、同銭が鋳造されたとする時期は室町時代中期の島津忠国（一四〇三〜七〇年）の代から江戸時代の元禄年間（一六八八〜一七〇四年）まで三百年近い幅がある。一方、『鹿児島県史一』は島津義弘が天正年間（一五七三〜一五九一年）に私鋳させたとする（＊4）。より確実なのは慶長年間（一五九六〜一六一四年）で、義弘の晩年ではないだろうか。

「加治木古老物語」によれば、慶長十一（一六〇六）年から木佐木佐渡入道正繕という者が「銭作り方主

取」となり、南薩の田布施から是板（是枝か）仁助という職人を呼び寄せて造らせたとある。また幕末の「加治木郷銭作ノ説（慶長頃）」にも、ほぼ同様の記事がある。加治木の役人が加世田衆中の是枝利助を呼び寄せて造らせたとある。その後、利助は二木という名字を名乗り、子孫は加治木町人となったという。同家には丸石の鋳造道具があったが、火災で失われてその由緒が不明になったとある（＊5）。

加治木銭鋳造の歴史的な背景としては、十六世紀中頃から中国大陸の福建地方（泉州《せんしゅう》や漳州《しょうしゅう》）で私鋳銭が大量に鋳造され、それがわが国や東南アジア一帯に拡散、流通していたことが考えられる。そのなかには加治木銭が模造した元豊通宝や元祐通宝もあった。つまり、同じ私鋳銭による通貨圏が東南アジアや東アジアに広く形成されていたのである（＊6）。

島津家においても、義弘が主導して十六世紀末の慶長四（一五九九）年から同十二（一六〇七）年頃まで、徳川政権の許可を得て呂宋《るそん》貿易と朱印船貿易に乗り出しており、現在のフィリピン、ベトナム、カンボジアなどの諸国と交易していたことが判明している（＊7）。同論文によれば、義弘が東南アジア貿易に熱心だったのは、豊臣政権の朝鮮出兵などで領国財政が窮乏しており、それを補うためだったのではないかという。東南アジア貿易は義弘の晩年のわずかな期間だったために、加治木銭の痕跡がほとんど消失してしまったのかもしれない。

一方、加治木銭の鋳造は海外貿易が目的ではなく、あくまで国内的要因によるものではないかという説もあるようである。それは国内で流通している金・銀・銭の交換レートが不安定で流通量が偏っており、金・銀に比して銅銭の量的不足がその高値を招いているため、銅銭の増鋳を迫られて加治木銭を鋳造したというものである。諸説が入り交じるが、なお真相は不明というしかない。

＊1　『島津斉彬言行録』　岩波茂雄校訂　岩波文庫　一九九五年

＊2　『加治木郷土誌』第2編第5章（加治木郷土誌編さん委員会編　加治木町長宇都宮明人）に、「はじめて加治木銭のことを伝えたのは、天明元年に芳川維堅が撰んだ『和漢泉彙』である」とある。

＊3　晋哲哉「「加治木古老物語」解題」『姶良市誌史料二』　姶良市誌史料集刊行委員会編　姶良市教育委員会

＊4　『鹿児島県史一』第四編第六章　鹿児島県編・刊　一九六七年復刊

＊5　『斉彬公史料二』五一二号

＊6　黒田明伸『中華帝国の構造と世界経済』前編Ⅴ　名古屋大学出版会　一九九四年

＊7　清水有子「島津義弘の東南アジア貿易」『日本歴史』七七五号　二〇一二年

再考　島津義久三女 亀寿の地位
――「御本家御相続」の意味

二〇一三年九月二十八日、鹿児島市の宝山ホールで「島津三姉妹 戦国の女性たちの戦い」と題する講演を行った。戦国の女性をテーマにした講演は珍しいと思う。そのなかから、太守島津義久の三女亀寿《かめじゅ》にまつわる話を紹介したい。

よく知られているように、義久は男子がなく三人の娘がいた。上から於平《おひら》、新城《しんじょう》、亀寿である。義久は家督問題で苦悩することになるが、三人の娘への愛情は細やかだった。於平、新城がそれぞれ分家に嫁いだのちは、とくに末娘の亀寿（一五七一～一六三〇）を可愛がり、「至極の御愛子」と称されるほどだった（＊1）。また亀寿は鹿児島市立美術館前庭にある石像「ジメサア」の異称でも知られている。もっとも、この石像は亀寿を表したものではないことを以前書いたことがある（＊2）

その亀寿について、最近、注目すべき史料を見出した。義久の二女新城の末裔の家に伝わる史料で「末川家文書」がある。そのなかに新城島津家の三代当主久侶（「ひさとも」か）の「口上覚留」のなかに次のような記述がある（＊3）。

「国分様（亀寿）御儀は、（中略）中納言様（島津家久）御廉中《ごれんじゅう》様にて、御本家御相続遊ばされ候」

亀寿は島津家久夫人で、島津本家を相続したとしか解釈できない。額面どおりに受け取れば、亀寿の地位は藩主夫人というよりも、島津本家の家督を相続した女当主だったことになる。

久侶は二代藩主光久の六男で、この「口上覚留」は元禄八（一六九五）年三月に書かれたものである。亀寿が他界してから六十年以上経っているが、亀寿や光久（亀寿の養子）に近い人物の証言なので軽視できない。

亀寿の墓と法号　＝鹿児島市・福昌寺跡島津家墓地

では、当時、島津本家の当主は夫家久ではなくて亀寿だったのだろうか。これ以外、亀寿が家督を相続したとする史料は現在のところ、ほかにないと思われる。また、亀寿が島津本家当主としての言動をしたり、その証しとして家久を差し置き、政治的な公文書を発給している形跡はない。

戦国時代、大名としての公務を果たしている女性もいる。たとえば、今川義元の母である寿桂尼《じゅけいに》（公家の中御門宣胤の娘）や、播磨・備前・美作の守護赤松政則夫人の洞松院尼《とうしょういんに》（めし殿）などは公文書を発給して大名や守護の権限を行使していることがわかっている（＊4）。もっとも、彼女たちが大名や守護の当主という役割を果たしたのは、家督を継いだ息子が幼少であったり、当主の夫が死去したりという例外的なケースだった。

一方、亀寿は寿桂尼や洞松院尼のような権限を発揮していない。それは夫の忠恒（のち家久）が健在だったし、父の義久や舅の義弘も存命だったことも一因だろう。だから、右の二人の女性とは条件が異なるので、「御本家御相続」という言葉は別の意味で考えなければならないだろう。

亀寿の島津家中での地位を考えるうえでの指標はいくつかありそうである。まず名称がある。亀寿は家久夫人として「かミさま」「御上様《おかみさま》」とか「御つぼね」と敬称され、国分に移ってからは「国分様（国府様）」「国分御上様」などと呼ばれた。そして実際の家督相続では、亀寿は夫家久の側室となった慶安《けいあん》夫人（姉於平の孫）が生んだ虎寿丸を養子にした。これが二代藩主光久である。

亀寿自身は子をなさかったものの、姉於平の曾孫にあたる光久が父義久の血統を継いでいることを重視し、それを養子にする形で家督相続に影響力を発揮したのである。家久は息子の虎寿丸が亀寿の養子になったことを「国分（亀寿）の御子として当家相続においては、龍伯様（義久）御一筋いよいよ別儀なく候」と述べて、亀寿の決断により、義久の血統がつづくことを喜んでいる（＊5）。これは同時に、家久は亀寿に相談なく単独で家督相続を決定する資格がなかったことも示しているのではないか。

亀寿は太守義久の血統＝「龍伯様御一筋」をみずから継承・体現し、それを後世に伝えるという歴史的な使命を担っていたといえよう。それによって、夫家久の当主としての地位も担保されるだけでなく、最終的に島津本家の家督を決定する権限もしくは拒否権を有していたのではないだろうか。いまのところ、亀寿の「御本家御相続」をそのような意味で考えているところである。

＊1　伊地知季安「家久公御養子御願一件」『備忘抄・家久公御養子御願一件』鹿児島県史料集XⅣ　鹿児島県史料刊行会編　鹿児島県立図書館

＊2　拙著『さつま人国誌』戦国・近世編2　第二章　南日本新聞社　二〇一三年

＊3　『旧記雑録拾遺　家わけ十一』

＊4　久留島典子『一揆と戦国大名』日本の歴史13　講談社　二〇〇一年

＊5　『旧記雑録後編四』一三五二号

大根占にもある真田幸村の墓

——真田稲荷神社と落司集落

二〇一六年の大河ドラマ「真田丸」が好評だった。後半は関ヶ原合戦からクライマックスの大坂冬の陣での真田丸での戦い、夏の陣での最後の決戦が華々しく描かれた。

大坂の陣と真田幸村（実名は信繁）といえば、幸村の薩摩落ち伝説を想起する。実際、谷山には伝・豊臣秀頼の墓（鹿児島市谷山中央四丁目）、旧頴娃《えい》町には伝・真田幸村の墓（南九州市牧之内雪丸）が存在する。あくまで伝説の域を出ない遺跡だが、大きな注目を浴びた。本書前巻（戦国・近世編2）でも、この二つの遺跡を取り上げたことがある。

じつは真田幸村の墓という伝説が県内にもうひとつ現存していることはほとんど知られていないのではないか。

今年初め、大隅半島の旧大根占町落司《おとし》集落（現・錦江町城元）にある落司平《おとしびら》墓地公園の一角に真田稲荷神社跡が残っていると知った。三月、情報提供者である地元の遊喜光範さんご一家の案内でその地を訪れることができた。

境内の棕櫚《しゅろ》の木などの林に囲まれて、二基の板碑状の墓石と一基の祠《ほこら》、計三基が並んで

真田稲荷神社の伝・幸村、大助墓

いた。幸村、大助父子の墓だという。多数の祭具が置かれ、香華が絶えない様子で、いまも地元の人々からねんごろに供養されていることが感じられた。また参道下には秀頼に従った豊臣家家臣の墓とされる「落司七人塚」もあった。

では、この遺跡にはどのような由緒があるのだろうか。郷土史家の竹下茂嘉著「大根占と豊臣秀頼」、比較文化史家梅北道夫のルポ「生きていた豊臣の子孫」、歴史研究家川口素生著「真田幸村は生きていた！」などから紹介してみよう（＊1）。

まず周辺の地名である落司や旧城元遊喜浦は幸村ゆかりの地名で、とくに遊喜浦は徳川幕府を憚り、幸村を遊喜浦《ゆきのうら》と改

落司七人塚　＝錦江町城元

名したという。

　大坂落城後、秀頼と幸村など主従二十人が船で薩摩に落ち延び、谷山郷や加治木、牛根を経てこの落司に落ち着いた。秀頼主従はその後、谷山郷に移ったが、幸村と大助父子はこの地に残り、幸村没後は大助とその家臣たちがこの地に根を下ろしたと伝えられる。

　落司集落にはいまも落司家があり、真田一族の末裔と言い伝えられ、家紋も桐紋と六文銭を使用していたという。

　落司家と親戚である坂元家にはやはり大坂夏の陣で壮烈な討死を遂げた木村重成にかかわる掛け軸などの家宝も伝わっているとか。

　余談ながら、木村重成といえば、県内でほかに二カ所墓所があったという伝説がある。

ひとつは、重成が加治木に落ち延び、有丘伴左衛門と名を変えて住み着き、安国寺に墓があったという（＊2）。もうひとつは薩摩半島南端の山川村で重成が没し、妙見寺に墓所がつくられた。のち同寺は鹿児島城下に移転し、妙顕寺と改めたという（＊3）。しかし、いずれの墓も現存していない。

秀頼、幸村だけでなく、木村重成も含めて豊臣家ゆかりの人物たちが南九州に落ち延びてきたという伝説が生まれ、墓所まで存在するのは興味深い現象といえる。

＊1　竹下茂嘉『大根占と豊臣秀頼』私家版　鹿児島県立図書館架蔵　一九八一年、梅北道夫「新発掘日本史生きていた豊臣の子孫」『新潮45』新潮社　一九九三年一〇月号、川口素生『真田幸村は生きていた！』PHP文庫　二〇一六年

＊2　「薩藩旧伝集」巻ノ三『新薩藩叢書一』歴史図書社

＊3　『三国名勝図会一・二』五代秀堯・橋口兼柄編　青潮社

第四章　悲劇の武将島津歳久と豊久

島津歳久、波乱の生涯・上

――金吾さあの異名で親しまれる

近年、「島津四兄弟」という言葉もかなり市民権を得てきたように思える。守護島津貴久の四人の息子のことで、上から義久、義弘、歳久、家久である。今回は三番目の歳久(一五三七〜九二)について取り上げたい。

歳久は天文六(一五三七)年、南薩の伊作《いざく》城中で誕生した。生母は四歳違いの長兄義久、二歳違いの次兄義弘と同じ入来院氏(雪窓《せっそう》夫人)である。元服してからの通称は又六郎、のちに左衛門督《さえもんのかみ》と称した。左衛門督の唐名《とうみょう》(中国風の呼び名)が金吾《きんご》なので、その非業の死と相まって、「金吾さあ」と親しみを込めて呼ばれるようになった。近年、ゆかりのさつま町では歳久を広く知ってもらおうという気運が盛り上がっている。

初陣は天文二十三(一五五四)年の岩剣合戦である。歳久ときに十八歳。この合戦で二人の兄とともに初陣を飾っている。九月二十三日、島津方(川辺衆・鹿児島衆)が祁答院《けどういん》良重や蒲生《かもう》範清らの軍勢がこもる脇元に攻め寄せたとき、途中の坂でいくさになった。このとき、三兄弟がそろい踏みして押し出したため、敵勢は退却している(＊1)。

歳久の最初の居城、吉田城跡
＝鹿児島市東佐多町（山口純一郎氏提供）

歳久の長い合戦歴で痛手を蒙ったのが、翌二十四（一五五五）年の北村城の戦いである。歳久にとっておそらく二回目の合戦だろう。北村城は蒲生範清の支城（現・姶良市蒲生町北）で一族の北村清康が城主だった。一月二十二日、城内から内応する手はずを決めてから、島津勢が押し寄せたところ、敵方の偽計だった。不意打ちを食らった島津方は弟子丸播磨守など名だたる部将が死傷した。父の貴久譜によれば、歳久は「年少といえども、力戦止まず」と奮戦したものの、負傷してしまったという（＊2）。なお、負傷部位は不明である。

負傷したため、歳久は後方に下げられたが、蒲生方との合戦はまだ継続していた。長兄の義久が陣中から歳久の傷の具合を心配して出したと思われる見舞い状が歳久の系譜に収録されている（＊3）。
「この頃ご気分はいかがですか。久しく便りができなかったのは不本意です。精いっぱい養生することが肝要です」云々。

四兄弟のなかでも、歳久はとくに長兄の義久と仲がよかったのではないかと思われる。右の歳久系譜にも義久書状が十五点収録されていて圧倒的に多い。しかも兄弟の親交をうかがわせるものがある。たとえば、永禄五（一五六二）年以前と思われる義久の書状は次のようなものだった（＊4）。
「鉄炮の口薬（点火薬）入れに付ける部品をひとつ、あなたが細工をお持ちならば、作ってもらえたら有り難い。少し太いのを所望します。また弓の竹材（尻根竹《しりねたけ》）はこの時分によいものがあるので、確保しておくことが肝要です（後略）」

このようにいくさに明け暮れながらも、歳久は風流も忘れていなかった。島津家は主筋にあたる京都の近衛家との交流があったが、歳久も関白太政大臣だった近衛稙家と交際している。稙家《たねいえ》の歳久あて書状に「二十首一巻一覧を遂げ候」とあることから、歳久は稙家に和歌二十首の添削を依頼したようである。稙家は歳久の作品に対して「とりどり殊勝感悦比類なく候」と、多少お世辞を込めた感想を述べている（＊5）。

永禄六（一五六三）年、歳久は兄の守護義久から吉田四か村（現・鹿児島市東佐多町）を与えられて吉田城（別名・松尾城）に入り、城持ちの武将となった。貴久・義久による大隅方面への備えと鹿児島防衛を目的とする配置だったと思われる（＊6）。

＊1　『旧記雑録前編二』二七五二号「於岩剱御合戦之刻之事」
＊2　『旧記雑録後編一』二号
＊3　「歳久一流　第二」二九三号『旧記雑録拾遺　諸氏系譜三』
＊4　＊3二九九号
＊5　＊3三〇三号
＊6　『本藩人物誌』島津歳久譜

島津歳久、波乱の生涯・中

――早崎攻めと意外な上京

島津四兄弟の三男歳久《としひさ》（一五三七〜九二）の足跡は、島津氏の三州統一戦の軌跡と当然ながら重なっている。そのなかで、歳久の活躍ぶりを示すのが大隅合戦のひとつである早崎合戦とそれに伴う小浜古城攻めだろう。

元亀三（一五七二）年九月、歳久は兄太守義久の命により、軍勢を率いて鹿児島湾を渡海した。桜島に一泊したのち、大隅半島との瀬戸を渡り、下大隅《しもおおすみ》郡（現・垂水市）の早崎城をめざした（＊1）。

早崎城は伊地知重興《いじちしげおき》（垂水本城の城主）の支城である。重興は永禄四（一五六一）年から、肝付兼続《きもつきかねつぐ》や禰寝重長《ねじめしげなが》と結び、島津氏に対抗していた。早崎は鹿児島市方面から見て、桜島の真後ろにあたる。標高三二五メートルの独立山塊《さんかい》。頂上は広い平坦地だが、崖は急峻《きゅうしゅん》でそのまま鹿児島湾に落ちている（写真参照）。

早崎には城塁が築かれており、伊地知重興の支族である河南安芸守が、すぐ南の小浜古城にも同じく支族の伊地知美作守とその弟又八郎重貞がそれぞれ守っていた。

牛根大橋から見た早崎（奥の山塊）＝垂水市海潟

歳久は二手に分かれて早崎を急襲した。不意を突かれた伊地知方は逃げまどい、桜島との瀬戸に面した北側の断崖から次々と飛び降りた。その光景があたかも花が散るように見えたので、後世、その地を「散花平《さっかびら》」とか「咲花平」と呼ぶようになったという（＊2）。

歳久はその勢いで小浜古城にも攻め寄せて、たちまちこれを奪った。歳久は弟家久とともに小浜古城に交代で在番することになった。

歳久について、あまり知られていない逸話がある。じつは天正三（一五七五）年に上洛している形跡がある（＊3）。同年の上洛といえば、弟家久のそれが有名で、『家久君上京日記』（別名『中務大輔島津家久公御上京日記』）がよく知られている。

歳久の上京は家久の上京と混同されているのかと思ったが、そうではない。たとえば、近衛前久《このえさきひさ》（前関白）が義久にあてた書状（八月二十二日付）に「今度思い寄らず歳久上洛、見参を遂ぐ」云々とある（＊4）。前久は地方に在国していたが、同年六月にいったん上京している。家久の在京期間（五月十九日〜六月七日）とはすれ違いだったはずで、家久の日記にも前久と対面したという記事がないことから、やはり歳久の上洛は確実で、家久と入れ違いで上洛して前久に拝謁したと思われる。

この上洛には、義久の使者として川上筑前守と八木主水佑《もんどのすけ》が同行している（＊5）。では、歳久たちの上洛目的は何だったのか。おそらく前久の薩摩下向についての打ち合わせだったのではないだろうか。右の前久書状に「万端不如意なので、この節、家門（近衛家）の再興のため、その国（島津氏）に一廉《ひとかど》の馳走を頼み入る。詳しくは左衛門佐《さえもんのすけ》（正確には左衛門督、歳久）に伝えてある」と書かれているからである（＊6）。実際、前久は同年九月、九州に下向している。

歳久も兄義久にならって、文芸や風雅をたしなんでいた。上洛中、公家の飛鳥井雅敦《あすかいまさあつ》から蹴鞠《しゅうきく》の免許状を得たり、青蓮院門跡《しょうれんいんもんぜき》の尊朝法親王《そんちょうほっしんのう》から南北朝期の天台座主《てんだいざす》尊道《そんどう》入道親王の真翰を与えられるなど、貴族との交流を重ねている（＊7）。

短期間の上洛だったが、歳久の生涯でもっとも楽しく充実した時間だったのではないだろうか。

＊1　『旧記雑録後編二』六四二号
＊2　『垂水史料集（八）牛根篇』垂水市史料集編纂委員会編　垂水市教育委員会
＊3　＊1八一〇号
＊4　＊1八一三号
＊5　＊3と同じ
＊6　＊4と同じ
＊7　＊1八一一号

島津歳久、波乱の生涯・下

秀吉に逆臣とされ、自害

天正五（一五七七）年、島津氏は悲願の三州（薩摩・大隅・日向）統一を実現した。

それに伴い、島津歳久も吉田城から山北《さんぽく》の祁答院《けどういん》に所替えとなり、宮之城の虎居城を本拠とした。祁答院の十二カ村を領し、知行高は一万七三〇〇余石だったという（「本藩人物誌」）。

島津氏はその後、豊後の大友氏を圧倒し、同十四（一五八六）年十月、二手に分かれて数万の軍勢で豊後に侵攻した。しかし、豊臣軍の着陣により形勢は逆転し、豊後からの退却を余儀なくされる。

歳久は豊後に在陣中、折悪しく手足が痺れる「風疾《ふうしつ》」にかかって歩行困難となり、阿蘇口からほうほうの体で退陣した（＊1）。風疾とは中風《ちゅうぶ》、リウマチ、痛風などの総称。結果論だが、この疾病が身体的というより、政治的に歳久の命取りになったように思える。

翌十五年四月、島津方は日向の高城《たかじょう》（現・宮崎県木城町）で豊臣秀長軍に決戦を挑む。歳久は風疾のために出陣できなかったので、養嗣子《ようしし》の忠隣《ただちか》を名代として出陣させた。しかし、忠隣は奮戦した末に壮烈な討ち死にを遂げてしまう。歳久の悲しみは想像に余りある。
五月になると、兄太守の義久が豊臣秀吉に降伏する。しかし、歳久は虎居城にこもって抗戦の姿勢を示した。秀吉が宮之城筋を通って帰国するとき、同城宿泊を命じても歳久は拒否したばかりか、家来に命じて秀吉の輿に矢を射かけさせている（第三章一四四頁参照）。歳久にすれば、討死した忠隣の仇討ちのつもりだったのかもしれない。

しかし、秀吉はこのときの遺恨と屈辱を決して忘れていなかった。それから五年後の天正二十（一五九二）年六月、島津軍の将兵による反乱＝梅北一揆が起きる。すぐさま鎮圧されたが、その戦後処理の過程で秀吉の疑心に歳久が巻き込まれた。

島津歳久の墓　＝日置市日吉・大乗寺跡

それは歳久の家来たちが梅北一揆に加担していたのではないかという嫌疑である。濡れ衣だったが、秀吉は歳久を狙い撃ちにして、義久に歳久の処断を命じたのである（＊2）。次のような内容だった。

「家道院《けどういん》（祁答院＝歳久）のことは、上意（秀吉）に対して慮外の働きをして曲事《くせごと》（けしからぬこと）だと思い、処罰しようと思っていたが、義久と義弘を赦免した以上はしかたなくあきらめていた。（中略）今度家道院が兵庫頭（義弘）と高麗《こうらい》（朝鮮）へ渡海していたら、その身上は助けるつもりでいるので、その家中の者で悪逆の棟梁《とうりょう》がいたら、十人でも二十人でも首をはねて進上しろ。もし（歳久が）高麗へ渡海せず、薩摩にいるのなら、家道院の首をはねて出すように」

秀吉の非情な命令だった。歳久は祁答院で風疾の療養をしていた。とても出陣できる身体ではなかった。しかし、理由はどうあれ、歳久は出陣していない。義久は秀吉の厳命に従わざるをえなかった。その苦しい胸の内を歳久の死の直後、知友の大慈寺僧侶に打ち明けている（＊3）。

「兄弟の別離は堪えがたかった。上意なので外に対しては平然としながら、内では悲涙に沈んでいた。その憂え悲しむ心中をどうして表に出せようか」

義久は歳久（出家名は晴蓑《せいさ》）を鹿児島に呼び、秀吉の命令を伝えた。そのうえで訣別の宴を催し、今生の別れを告げた。

歳久は家来たちと船で帰城しようとしたが、すでに追っ手が迫っていた。歳久は脇本（現・

姶良市脇元か）に船を寄せ、家来たちに追っ手を防がせている間に自害した（＊4）。自害の場所は竜ヶ水だという説もある。

辞世は「晴蓑めが玉のありかを人とはば　いざ白雲の末も知られず」。

享年五十六歳だった。

＊1　『旧記雑録後編二』二九三号
＊2　『島津家文書之一』三六三号　東京帝国大学編・刊
＊3　＊1九三六号
＊4　＊1九二七号

島津歳久の最期

——君臣一体の武勇の本分を全う

島津四兄弟の一人、歳久《としひさ》（一五三七〜九二）を前節まで三回にわたって書いたが、その最期について詳しく書けないままに終わったので、あらためて書いてみたい。

文禄元（一五九二）年七月、歳久は梅北一揆に家来が加わっていたという嫌疑で、豊臣秀吉から自害を命じられた（＊1）。

兄太守の島津義久に召喚された歳久は宮之城から鹿児島に向かった。七月十八日、義久は秀吉の厳命を伝え、兄弟水入らずで一夜の宴を催したのちに訣別《けつべつ》した。

義久が歳久に宛てた書状には「当家のため、かつ国（島津氏領国）のためなので、（秀吉の命令から）とても逃れられない。名誉の腹を切れば、後代まで名を留められるのはこのときである」と自害を勧めていた（＊2）。

歳久はすでにおのれの命運を悟っており、兄の勧告に従い、ひとり静かに自害したかといえば、そうではなかった。なぜなのか。同日、歳久が供廻《ともまわり》の近習たちに送った覚書には次のように覚悟のほどが切々と書かれていた（＊3）。

歳久の遺体を清めたという「御石山」　＝姶良市脇元

「累代のお家のため、我が一身のみ自殺すると再三家来たちに伝えたけれども、彼らが承諾しないのは致し方ない次第である。つらつら考えるに、臣下の所存を無視できない。しかし、太守公（義久）に向かって矢を放つわけではない。ただ、君臣の武勇の本分をもってしばらくいくさに励みたい」。

　家来たちは主人歳久が濡れ衣によって死を命じられたことがどうしても納得いかなった。一人だけで腹を切るつもりだった歳久も家来たちの無念の思いにほだされて、「君臣の武勇の本分」を果たそうと、一戦に及ぶ覚悟を固めたというわけである。

　歳久は鹿児島を辞去すると、供廻三十人ばかりとともに船で北上し、居城のある宮之城をめざした。重富の近くの脇元の浜に上陸したら、すでに義久が派遣した町田久倍《ひさます》や伊集院久治の兵が前途を塞いでいた。脇元は平地で四方から囲まれやすいので、歳久主従は地形が険阻《けんそ》な竜ヶ水《りゅうがみず》（瀧ヶ水）に移ろうと談合していた。

そこへ、鎌田囚獄佐《ひとやのすけ》がはせ参じた。囚獄佐は以前、歳久に勘気を蒙っていたが、歳久の危急を知って最後の奉公をしたいと駆けつけたのである。歳久も「この危難のときに忠臣がいることを知った」と感激し、囚獄佐を許したという（＊4）。

歳久主従はふたたび船に乗って南下すると、白浜に上陸して竜ヶ水をめざした。追っ手もまた船で竜ヶ水に押し寄せた。供廻たちは歳久が自害するまで時を稼ごうと防ぐ。一方、追っ手も相手が太守の弟であることを知っているから、鎧の袖を濡らしながら戦ったという（＊5）。

供廻たちは奮戦して次々と討死を遂げた。歳久は自害しようとしたが、持病の中風《ちゅうぶ》のため手足が思うに任せない。そのため、追っ手に向かって「誰かあるか。はや近づいてわが首を取れ」と呼びかけるが、主家筋ゆえ誰も近づかない。そこへ原田甚次という者が走り寄って首を取った。それを見た追っ手の者たちは甚次をなぜ早まったかと責めつけながら、鑓《やり》や刀を投げ捨てて地面に突っ伏し、あるいは岩陰に隠れて号泣したという。歳久の家来は二十七人が闘死した。そのなかには身分の低い中間《ちゅうげん》四人も含まれていたという（＊6）。

太閤秀吉が他界したのち、義久は心岳寺を訪れて、歳久のため追悼の一首を詠んだ。
「住みなれし跡の軒端《のきば》をたづねきて　しづくならねど濡るる袖かな」（＊7）。

＊1　『島津家文書之二』三六三号　東京帝国大学編・刊
＊2　『旧記雑録後編二』九三一号
＊3　＊2九三二号
＊4　＊2九二七号
＊5　＊2九二八号「歳久公御生害之書」
＊6　＊5と同じ
＊7　＊2九二七号

島津歳久の死後

遺骸の行方と一族籠城

前節でみたように、「島津四兄弟」の一人、島津歳久は天正二十（一五九二）年七月、鹿児島北郊の竜ケ水《りゅうがみず》あたりで自害した。しかし、それで一件落着とはいかなかった。なお曲折があったのである。

まず、歳久の遺骸の行方である。その首級は肥前名護屋城に送られ、豊臣秀吉の検分に供された。その後、首級は京都に運ばれ、聚楽第《じゅらくてい》の東にある一条戻橋に晒されている（＊1）。京都に首級が運ばれたのは、歳久を天下の大罪人だと示すためだった。一条戻橋は当時、秀吉の御所である聚楽第の東門正面に位置し、多数の人々が往来する天下の公道だったからである。「歳久公御生害之事」は「誠に上意とは申しながら、浅ましきことである」と嘆き悲しんでいる（＊2）。

ちょうどその頃、歳久の従弟《いとこ》にあたる島津忠長《ただたけ》（薩摩東郷領主）が在京していた。忠長は知友の玉仲和尚（大徳寺一一二世）に依頼して、歳久と二人の家臣の首級を盗み出し、これらを今出川の浄福寺にひそかに葬った。一方、遺骸のうちの胴体のほうは帖佐の総禅寺に葬られた（＊3）。
それから三〇〇年近くたった明治五（一八七二）年、歳久の末裔にあたる日置島津家の十四代当主久明と一族の田尻種寛が浄福寺の歳久の首級を掘り起こして鹿児島に持ち帰った。そして総禅寺の胴体も掘り起こして、首・胴を一緒に平松神社（旧心岳寺跡）に葬った。その後、改めて日置島津家の菩提寺、大乗寺跡（現・日置市日吉町）に改葬したという（＊4）。

歳久の首級が晒された一条戻橋
＝京都市上京区

もうひとつ重要な問題は、歳久の跡目をどうするかということだった。まず、歳久の旧領について、天正二十（一五九二）年八月、秀吉の命令があった。それによれば、「祁答院《けどういん》の知行分のことは検地したのち、義久の蔵入地にするように」ということだった（＊5）。秀吉の命令ながら、義久はそのとおりにするつもりはなかった。義久は歳久の最期に同情しており、せめて家名を存続させ、その知行地を確保してやろうを考えていた。

ところが、主君歳久を失った家中はいきり立っていた。歳久の遺族は、養嗣子忠隣《ただちか》が五年前に根白坂《ねじろざか》

歳久の首が埋葬された浄福寺（移転後）＝京都市上京区

で戦死したため、その一子袈裟菊丸《けさぎくまる》（当時六歳、のち常久）を、歳久夫人と生母の忠隣夫人（蓮秀《れんしゅう》）が後見していた。そして歳久の非業の最期を知ると、宮之城（虎居城）に籠城し、抗戦する色を示したのである（＊6）。

このまま放置しておけば、秀吉から謀叛だと認定されるかもしれなかった。事態を重く見た義久は重臣の比志島国貞《ひしじまくにさだ》を使者に立てて、袈裟菊を取り立てるから開城するよう勧告した。しかし、忠隣夫人は豊臣政権と義久の仕打ちを恨んでいたので、「歳久の跡を取り立てるという上意は忝いが、歳久をあのような最期に追い込まれたうえは、どうか（袈裟菊も）同様にしていただければ本望である」と、開き直った回答をしてきた（＊7）。

義久は何とか説得しようとして、みずからと秀吉の上使細川幽斎の起請文《きしょうもん》を示して、歳久以外の家族と家来衆は開城さえすれば罪に問わないと誓約した（＊8）。さらに福昌寺の花舜軒《かしゅんけん》と龍雲寺を使僧として派遣したうえに、新納忠元も派遣して説得につとめたので、ようやく城方も納得、開城に応じた（＊9）。

袈裟菊と祖母、母の三人は堪忍分として三〇〇石を与えられ、入来院重時に一時預けられた。その後、袈裟菊は元服して常久と名乗り、文禄四（一五九五）年に日置の山田神ノ川を与えられたのをはじめ、最終的には都合七〇〇〇余石の知行高となった（＊10）。これを機に日置島津家が成立したのである。

＊1　『旧記雑録後編二』九四四号
＊2　＊1九二八号
＊3　＊1九二七号
＊4　島津修久『島津歳久の自害』増補改訂版　島津顕彰会　二〇〇〇年
＊5　『島津家文書之二』三六五号　東京帝国大学編・刊
＊6　＊1九三八号
＊7　＊6と同じ
＊8　＊1九四〇・四一号
＊9　＊1九三八号
＊10　『本藩人物誌』島津常久譜

島津歳久の悦窓夫人と娘 蓮秀夫人
――不幸続きも、気丈で長寿を保つ

島津歳久《としひさ》（一五三七～九二年）が豊臣政権の厳命で自刃したのち、残された家族や家来たちには苦難が待っていた。とくに家督を継ぐことになった幼い孫の袈裟菊《けさぎく》（のち常久）を後見した歳久夫人の悦窓《えっそう》夫人とその娘で袈裟菊の生母蓮秀《れんしゅう》夫人の母子がたどった生涯について紹介したい。

まず悦窓夫人（一五二四～一六〇二）だが、彼女は歳久の最初の所領となった吉田の武士、児島備中守の娘。歳久より十三歳も年上である（＊1）。三十二歳のとき、前夫が戦死したため、歳久と再婚した。なお、実家はそれほど家柄が高いとは思えない。

歳久自刃の翌年の文禄二（一五九三）年十一月、彼女が朝鮮半島に在陣中の島津義弘にあてた長文の消息《しょうそこ》がある（＊2）。それによれば、歳久は持病の中風《ちゅうぶ》だけでなく、「腹中気《ふくちゅうけ》」（下痢や腹痛、胃腸病）も患っており、かなり無理をして鹿児島の義久のもとへ出仕したことがわかる。また三人は入来院の堂ノ原《どうのはら》名《みょう》に知行地を与えられたが、その土地が痩せた土地なので苦労していると、知行地の不満を義弘に訴えている。末尾では「武庫様（義弘）、又一様（久

保）をこそゆくゆく頼み上げたい」と述べている。義弘、久保の父子は歳久の自刃のとき、朝鮮在陣中のために関知していなかったから、悦窓夫人は父子を頼ったのだろう。

一方、蓮秀夫人（一五六七〜一六四二）は父親、夫、息子の男系家族に次々と先立たれるという不運に見舞われている。歳久には男子がなかったので、薩州家の島津義虎の二男忠隣を蓮秀夫人の婿とした。しかし、天正十五（一五八七）年四月、日向根白坂の戦いで、豊臣秀長軍を相手に奮戦した末に戦死した。享年十九歳の若さだった。その五年後には父歳久も自刃してしまう。

蓮秀夫人は母悦窓夫人や息子袈裟菊とともに入来院家に預けられたが、ほどなく同家当主重時（一五七三〜一六〇〇）へ再嫁し、娘を生んだ。一子袈裟菊と別れて別の道を歩み出したのである。しかし、慶長五（一六〇〇）年九月、関ヶ原合戦で、有名な「島津の退き口」の途中、重時は東軍兵士たちと遭遇し、

悦窓夫人の墓　＝日置市日吉町光禅寺跡

蓮秀夫人（左）と入来院重時の墓
＝薩摩川内市入来町旧寿昌寺跡

戦死してしまう。享年二十八歳。蓮秀夫人は夫二人を立てつづけに失ってしまった。

さらに二年後の同七年十一月、今度は母悦窓夫人も他界してしまう（＊3）。新たに日置島津家をおこした一子常久も同十九（一六一四）年五月、疱瘡で死去した（＊4）。これまた重時と同じ享年二十八歳の若さだった。

蓮秀夫人に残されたのは重時との間にもうけた娘だけである。彼女も入来院家の存続のため、義弘を頼る。そして、薩州家の島津義虎の五男忠富を婿養子に望んだ。忠富は先夫忠隣の弟にあたるからだった。だが、忠富はすでに頴娃《えい》家を継ぎ、久秀と名乗っていた（＊5）。しかも、義弘は久秀に孫の一女を娶せようとしていた。

しかし、義弘も蓮秀夫人の熱意にほだされたのか、入来院家が由緒ある「古家」であり、重時が義弘を守るために戦死したことを重視して、蓮秀夫人の申し入れを受諾したのである（＊6）。これにより、頴娃久秀は蓮秀夫人の娘と縁組して入来院重高と名乗り、入来院家を継ぐことになった。

二人は幾度もの不幸に見舞われながらも、思ったことをはっきり述べ、自身の権利を要求すべきは要求するたくましく生きた女性だったことがうかがわれる。また、ともに古稀を超えた長寿でもあった。

＊1　「歳久一流　第一」（『旧記雑録拾遺　諸氏系譜三』）所収の歳久長女の系譜に、悦窓夫人の没年を慶長七年（一六〇二）十一月二十二日で享年七十九と記してある。逆算すると、大永四年（一五二四）に生まれたことになり、天文六年（一五三七）生まれの歳久より十三歳年長となる。

＊2　『旧記雑録後編二』一二〇八号

＊3　＊1と同じ

＊4　「歳久一流　第二」『旧記雑録拾遺　諸氏系譜三』

＊5　『本藩人物誌』入来院重高譜

＊6　『旧記雑録後編四』一八一・二六〇号

島津豊久の最期と埋葬地・上

史料と地元伝承食い違う

日向佐土原《さどわら》城主の島津豊久（一五七〇～一六〇〇）は関ヶ原合戦に従軍し、島津の退き口での奮戦と最期で知られる。近年は劇画の主人公になるなど注目を集めている。

先陣をつとめた豊久だが、その討死の様子はよくわかっていない。三十一歳という若さでの死、伯父の島津義弘を守っての奮戦という劇的な最期のためか、江戸時代になってから、いわば豊久伝説が形成されてきた。

なかでも、①討死の地はどこなのか、②埋葬地や墓はどこなのかという点に関心が集まっている。

まず①だが、よく知られているのは関ヶ原盆地の南方、烏頭坂《うとうざか》である。この地には豊久の顕彰碑が立っている。そのためか、この地が豊久の討死した場所だと勘違いされている。しかし、大正九（一九二〇）年に建立された碑文には、先鋒だった豊久が踵《きびす》を返して敵陣を衝いて死を遂げたとあるものの、この地が討死した場所だとは認識していない。豊久の最期について、より真相に近いと思われるのは、合戦後しばらくして書かれた「雑抄」の記事である（＊1）。

「山田弥九郎（有栄）と赤崎丹後が敵中を切り抜け、関ヶ原宿口まで来たところ、中務殿《なかつかさ》（豊久）が乗っていたとおぼしき馬がやってきた。二人はまさしく中務殿が乗られていた馬だと思い、近づいて見ると、鞍つぼに大量の血が流れていたので、さては中務殿は戦死疑いなし（だと思った）」

鳥頭坂にある島津豊久の顕彰碑
＝大垣市上石津町牧田

豊久が乗っていた馬が見つかった場所は「関ヶ原宿口」と書かれている。当時、関ヶ原宿がどこにあったか不明だが、おそらく現在の関ヶ原町の市街地あたりだと推定され、烏頭坂とはだいぶ離れている。

その傍証と思われるのが『本藩人物誌』にある豊久譜の記事である。それには豊久は十三騎の家来と共に敵の大軍のなかに駆け入り戦死したとあり、その敵は福島正之（福島正則の養子）の軍勢で、豊久

豊久が絶命したと伝わる白拍子谷
＝大垣市上石津町上多良

の首を取ったのは小田原牢人（北条氏旧臣）の笠原藤左衛門だったという（＊2）。なお、笠原は小早川秀秋の軍勢に属していたという説もある（＊3）。

福島勢は東軍左翼の先手として宇喜多秀家勢と相対し、伊勢街道に向かって南下する島津勢の前途に立ちはだかる位置に布陣していたから、先手の豊久と遭遇戦になったというのはありえる。つまり、よくいわれるように、豊久が追っ手を相手にしんがりして討死したとは考えにくい。いずれにしろ、関ヶ原盆地のなかでの出来事である。

一方、江戸時代後期になって、地元周辺では豊久の最期の地や墓地の伝承がいくつか書き残されている。関ヶ原の南方、美濃国石津郡《いしづぐん》多良《たら》樫原村《かしはらむら》（現・岐阜県大垣市上石津町上多良）の村役人と思われる三輪孫太夫が寛政五（一七九三）年に地元の瑠璃光寺住職に宛てた覚書がある。それによれば、多良に落ちのびてきた豊久を孫太夫の先祖が面倒をみて案内してきたが、白拍子谷《しらべしだに》にたどり着いたところで豊久が「御逝去」したという。遺骸は近くの正覚山薬師寺の南拝殿で荼毘に付したとする（＊4）。

豊久の最期の様子が具体的に書かれているが、先の「雑抄」の記述とはかけ離れている。豊久が関ヶ原盆地で討死したことはまず間違いない。にもかかわらず、なぜ関ヶ原南方の牧田街道沿いの樫原村で死亡したという伝承が残っているのか。これについては後述したいが、あくまで史実とは区別される伝承の域を出ないと考えられる。

＊1　『旧記雑録後編三』一三八五号

＊2　『本藩人物誌』島津豊久譜

＊3　久保之英『関ヶ原御合戦進退秘訣』珍書頒布会　一九一五年

＊4　『養老郡志』第六章　門脇黙一編　岐阜県地方改良協会養老郡支会　一九二五年。のち『新修 上石津町史』第二章第三節（新修上石津町史編集委員会編　上石津町教育委員会）にも収録

島津豊久の最期と埋葬地・中
――永吉島津家の墓探し

島津豊久（一五七〇～一六〇〇）の佐土原家は関ヶ原合戦の敗北により改易されてしまった。しかし、伯父島津義弘を守って戦死を遂げた豊久の功績により、江戸時代初め、改めて家名存続が図られ、藩主家久の九男久雄を立てて薩摩国日置郡永吉《ながよし》を領する永吉島津家（幕末の知行高四四四七四石余）として再出発した。

しかし、その後も豊久の遺骸、遺品や埋葬地がどうなったのか、杳《よう》として知れなかった。豊久の最期がふたたび話題になるのは関ヶ原合戦から二〇〇年近くたった寛政年間（一七八九～一八〇〇年）前後だと推定される。そのころ、薩摩藩か永吉島津家の関係者が豊久の埋葬地を探すために、美濃国石津郡多良郷を訪れるようになったからである。

そのきっかけとなったのは、それより三〇年ほど前の宝暦治水ではないかと思われる。薩摩義士の逸話で知られる木曽三川《さんせん》の難工事では、多良郷の領主で交代寄合《こうたいよりあい》（参勤交代の義務を負う大身旗本）の高木氏（東、西、北の三家）がそろって幕府側の監督役人をつとめていた（＊1）。そのうち、豊久のものと伝わる墓所をもつ瑠璃光寺《るりこうじ》は北家の高木監物（諱《いみな》・貞固）の領

瑠璃光寺三門　＝大垣市上石津町

内にあった。工事中に薩摩藩側との交流が生じて、退き口の死者か豊久の情報が出てきた可能性がある。

それと関係すると思われるのが、永吉島津家の家伝文書「御墓所《ごぼしょ》相立候《あいたちそうろう》由緒書《ゆいしょがき》」に収録された同家家臣の岡野新次則衍（のりのぶか）の報告書（＊2）である。岡野は豊久の埋葬地を求めて多良郷周辺を探索した。その顛末《てんまつ》を紹介しよう。

上方に駐在していたらしい岡野は上司の命を受け、近江彦根出張のついでに関ヶ原に立ち寄った。三月二十日、彦根を出立し、関ヶ原に宿泊。翌日関ヶ原から南に二里ほど離れた牧田郷に向かった。同郷七か村にある十二の寺を残らず回ってみたものの、墓や埋葬地は見つからなかった。その後、六月になり、

瑠璃光寺にある伝・島津豊久の墓石　＝大垣市上石津町

若狭国小浜に出張した帰路、米原に宿泊したとき、同宿した伊勢白子《しろこ》の人とよもやま話をしたところ、関ヶ原合戦に詳しい人だったので、豊久の墓所探しのことを尋ねたら、「公（豊久）のご戦死は牧田ではない。牧田より遙か南西の石津郡《いしづぐん》多良郷《たらごう》がある。（中略）そのうちの井尻村と樫木村を尋ねたらよい」と教えてくれた。

　岡野が喜んで行ってみると、里人から樫木村（樫原村）の瑠璃光寺に「薩摩塚」という墓があると聞いた。同寺を訪ねて、ようやく位牌と墓所を見学することができた。位牌には「嶋津」の二文字を上下に置き、間に「光忠道源」の四字があったという。なお、同寺現存の位牌の法号は「嶋光院殿忠道源津大居士神儀」とある。岡野の記録のとおりである。墓所を訪れると、草木が生い茂り、塚の印として大小二本の椿が植えてあった。墓石は苔むした高さ二尺（約六〇センチ）ほどの五輪塔で、諡号《しごう》の文字は彫ってなかったという。

岡野は感激のあまり、一首詠んだほどである。

「尋ね侘《わ》びいつか美濃路の多良に来て　君の御墓をおがむうれしさ」。

ようやく目的地にたどり着けたという岡野の喜びがすなおに表われた和歌である。しかし、岡野の苦労には申しわけないが、この墓を豊久のものと断じるには疑問が残っている。

＊1　『鹿児島県史二』第二編第二章　鹿児島県　一九四〇年
＊2　「永吉島津家文書」一四五　『旧記雑録拾遺 家わけ九』

島津豊久の最期と埋葬地・下
――地元伝承の矛盾と疑問

前節で島津豊久の後裔にあたる永吉島津家の家臣岡野新次が美濃国石津郡多良郷《いしづぐんたらごう》の瑠璃光寺《るりこうじ》で、島津豊久のものと思われる墓所と位牌を見つけた報告書を紹介した（＊1）。

じつは岡野の報告書は年次が不明である。しかし、同郷に残る史料が寛政元（一七八九）年以降のものであることと、右由緒書に収録された史料に寛政年間のものが多いことから、寛政元年か、その直前のものではないかと推定される。この報告書では、同寺の住職に寺の「旧記」を尋ねようとしたが、住職が名古屋に出かけて留守だったので、不明のままだったというのである。そのため、再調査の必要が生じたのかもしれない。

そして、岡野の突然の訪問が上多良郷に波紋を広げ、その結果、地元の瑠璃光寺にある位牌と墓が豊久のものだと認識されていくのではないか。私は同寺に残る位牌と墓が豊久のものだとはどうしても思えないのである。その理由は主に四点ある。

①これまで述べたように、豊久は関ヶ原盆地のなかの関ヶ原宿口付近で戦死したと思われること（＊2）。

② 退き口の初期の段階で、豊久は先手として福島正之勢と戦って戦死していること（＊3）。また福島勢が島津勢を追撃したという史料は見当たらないこと。

③ ②と関連するが、豊久を討ち取ったのは福島勢に属した小田原牢人の笠原藤左衛門で、豊久の遺骸から甲冑を奪い、それを子孫が所有していたと思われること（＊4）。つまり、豊久が上多良郷までたどり着けるはずがないこと。その豊久の鎧を江戸時代後期の永吉島津家当主久芳が安永六（一七七七）年に入手し、同家の菩提寺である天昌寺に納めたと書き残していること（＊5）。

島津豊久所用と伝わる紺糸威腹巻
＝個人蔵・尚古集成館寄託

④ 上多良郷に残る豊久に関する伝承について、もっとも古い史料である同郷樫原《かしばら》村の村役人（郷士）と思われる三輪孫太夫の古文書に矛盾や喰い違いが見られること。

①～③については これまで述べてきたので、ここでは④について考えてみよう。豊久について書か

れた三輪孫太夫の古文書は次の二点である。

A．小林次郎左衛門宛て三輪孫太夫覚書　寛政元年（一七八九）閏六月付（＊6）

B．瑠璃光寺玄透和尚宛て三輪孫太夫覚書　寛政五年（一七九三）五月付（＊7）

Aの宛て先である小林次郎左衛門は江濃国境の五僧峠を挟んで近江国高宮の郷士と思われる人物で、先祖の小林新六郎正祐なる人物が敗走してきた島津家中の人々を庇護したとの家伝を有し、「薩摩　忠平」なる人物（義弘の初名は忠平）からの礼状が伝来している。なお、この礼状は偽文書である可能性が高いことをかつて指摘したことがある（＊8）。

その覚書には、「嶋津様御次男様御落命」とあり、逝去した場所は「白柏子谷《しらべしだに》」（白拍子谷）だとする。孫太夫の先祖三輪内助入道一斉がその遺骸を埋葬した。のちに瑠璃光寺に墓を建立して「嶋津塚」と呼ぶようになり、位牌も安置したとある。また骨壺が二つあったとも書いている。とすれば、死亡したのは二人だったことになる。

ところが、Bのほうには、「嶋津中務様御廟」（中務大輔《なかつかさのたいふ》は豊久の官途名）とか「御次男中務様」が上多良郷に落ち延びてきて逝去したという。重傷を負っていたということか。

ここで注目すべきは、Aでは遺骸の主が特定されていなかったのに、Bでは「中務様」すなわち、豊久に特定されている。二点の覚書は四年間しか離れていない。わずか四年の間に、なぜ豊久だと判明したのか不思議である。しかも、Aでは、元文三年（一七三八）に孫太夫が夢を見て、二つの骨壺を薩摩の国許に返還するようにというお告げがあったと書いている。夢のお告げという、あいまいで漠然としたエピソードが豊久伝承の始まりなのである。

四年という時間を経て、孫太夫の証言に大きな変化が生じたことをどう理解すべきだろうか。これは前節で紹介したように、豊久の埋葬地を探しにやってきた岡野新次の同郷訪問がきっかけになったと考えたほうがいいだろう。孫太夫たちは、死亡した落武者を漠然と島津家中の人々だと思っていたが、豊久の子孫である永吉島津家の家来が訪ねてきたことにより、一気に身元不詳の「嶋津塚」の被葬者を豊久に結びつけるようになったと考えられる。

上多良郷の人々と岡野の来訪という偶然の遭遇によって、お互いが幸せな勘違いをしてしまい、それが伝承、伝説にまで発展したといえるかもしれない。いずれにせよ、豊久にまつわる多良郷の伝承は史実と区別しておくべきだろう。

＊1 「永吉島津家文書」一四五「御墓所相立候由緒書《ごぼしょあいたちそうろうゆいしょがき》」『旧記雑録拾遺 家わけ九』
＊2 「旧記雑録後編三」一三八五号「雑抄」
＊3 『本藩人物誌』島津豊久譜

＊4　＊3と同じ

＊5　＊1「永吉島津家文書」一四三

＊6『新修 上石津町史』第二章第三節　新修上石津町史編集委員会編　上石津町教育委員会

＊7『養老郡志』第六章　門脇默一編　岐阜県地方改良協会養老郡支会　一九二五年

＊8　拙著『関ヶ原 島津退き口』第五章　学研M文庫　二〇一三年

桐野　作人（きりの・さくじん）

1954年鹿児島県出水市生まれ。

歴史作家、歴史研究者。武蔵野大学政治経済研究所客員研究員。歴史関係の出版社編集長を経て独立し、編集プロダクションを設立。歴史作家として、戦国・織豊時代、幕末維新から中国史まで幅広く執筆、講演活動を行う。現在、南日本新聞で「さつま人国誌」を連載中。

主な著書に『さつま人国誌』幕末・明治編１・２・３、同戦国・近世編１・２（以上、南日本新聞社）、『島津義久』『だれが信長を殺したのか』『目からウロコの三国志』（以上、ＰＨＰ研究所）、『真説関ヶ原合戦』『関ヶ原 島津退き口』（学習研究社）などがある。

さつま人国誌
戦国・近世編３

2017年２月13日　初版発行

著　　者　桐野　作人
発 行 所　南日本新聞社
制作・発売　南日本新聞開発センター
〒892-0816　鹿児島市山下町9-23
TEL 099(225)6854　　FAX 099(227)2410
URL http://www.373kc.jp/

ISBN978-4-86074-247-8　　定価：1,300円 +税
C0021 ¥1300E